調査報告

「学力低下」の実態

苅谷剛彦　志水宏吉　清水睦美　諸田裕子

表紙デザイン＝荒木洋子
表紙・裏表紙写真：児玉房子．モノクロ写真：1980年代末から90年代初頭にかけての教室風景．カラー写真：90年代末から現在の，学校や塾での子どもたち（写真は本文とは関係ありません）．裏表紙中央：新指導要領初の教科書．2002年4月（毎日新聞社提供）．

岩波ブックレット No.578

はじめに～確かな現状認識のために

教育改革をめぐる議論の展開はめまぐるしい。わずか数年前までは、受験教育や詰め込み教育が批判され、「ゆとり」や「総合学習」を支持する声で教育界は一色に染まった。知識の伝達も重要だと言おうものなら、すぐさま「詰め込み教育に戻るのか」、「せっかくの改革の機運に水を差すのか」、と批判を浴びた。ところが、完全学校週五日制と新しい学習指導要領の実施を目前に「学力低下」の声が高まると、今度は「確かな学力」の向上が政策的スローガンとして掲げられるようになった。

今や学習指導要領は「最低基準」である。しかもそれは、一九五八年に学習指導要領が「試案」からその性格を変え、法的な強制力を持つようになった時以来ずっとそうであったとの見解のもと、実際の運用上は「上限規程」でしかなかった事実を文部科学省は難なくあっさりと方針転換した。それにあわせて「発展的内容」を教えるための教師用指導事例集を発表したり、それらを教科書にも記載できるようにするため、教科書検定のしくみの変更を提案する審議会答申を出したり、「教える内容を減らすと学力が低下する」といった「学力低下」論に押されるようにして、「できる」子どもたちを救う手だてが着々と進んでいる。「学力向上」をめざしたスーパー・イングリッシュ・ランゲージ・ハイスクール、スーパーサイエンスハイスクールなどの「学力向上フロンティア事業」も、その一環である。

このような文科省の〝変節〟とも思えるような動きに対して、過去への逆戻りだと批判する声があがっている。アピール「学びのすすめ」でもっと宿題やドリルを、といったり、「総合的な学習の時間」も教科との関連をつけ、場合によっては教科指導に使ってよいとする見解が出されるや、詰め込み教育、受験競争の時代への回帰だというのだ。

しかしながら、文科省の路線変更にしても、それへの批判にしても、重要かつ深刻な問題にいまだ目が向かないままの議論が続く。無視されているのは、子どもの学習の実態であり、なかでも学習面での階層差の実態である。

「確かな学力」の向上をもっとも必要としているのは誰か。とりわけ、義務教育段階で「確かな学力」を保障すべきなのは、どのような境遇におかれた子どもたちなのか。それを可能にするためには、学校には何が求められているのか。このような問題に関心を向けることもなく、「学力低下」論以後の教育改革の修正とそれへの批判が展開されている。さらには、こうした議論とは無関係のように、かつまた、「新しい学力観」や「総合」の授業において誰の学習が停滞しているのかといった問題に十分目が向けられることもなく、「総合的な学習の時間」をどう運営するのか、「学力向上」をどう図るのかに、多くの教師が忙殺されている。

このような現状を見ると、今必要なのは、学力が低下しているか否かに単純に一喜一憂する学力調査でも、水掛け論に終わりがちな学力の定義をめぐる学力論争でもない。ましてや、教育の実態をふまえることもなく、「確かな学力」向上策が逆戻りなのかどうかを争う議論でもない。

今、求められているのは、子どもの「学力」や学習の実態から、日本の教育が抱える問題を見通していく視座と、問題解決を図るための正確な現状認識である。それによって、雇用の不安定化や賃金格差の拡大など、社会全体の不平等が拡大する時代の中で、公教育が果たすべき(最低限の)役割を考えるための知識の基盤を提出できる。本書は、そうした意図にもとづき、実施・分析した「学力調査」報告である。

したがって、学力の変化に目を向けるのも、たんに学力が低下しているかどうかに関心を持つからではない。むしろ、その背後でどのような変化が起きているのかを知るための第一歩にすぎない。そして、本書を通じて私たちが提示したのは、教育のみならず将来の日本社会に重大な影響を及ぼしうる抜き差しがたい変化が、子どもたちの学習と学力をめぐりすでに進行しているという事実である。

本書が明らかにした事実を前に、私たちは教育を、とりわけ義務段階の公教育をどのように見直していけばよいのか。わずかながら、救いの手だても本書では提示したつもりである。実態をふまえた論議を通じて、教育改革や学力をめぐる議論を、もう一度まっとうなものに引き戻したいと考えるからである。

なお、本書は、総合雑誌『論座』(朝日新聞社)の二〇〇二年六月号と七月号に掲載された報告をもとに、一部データの追加と文章の加筆修正を行ったものである。初出の原題はそれぞれ「「学力低下」の実態に迫る」、「教育の階層差をいかに克服するか」である。『論座』執筆にあたっては、同編集部に大変お世話になった。また、データの収集および分析の過程では、多くの共同研究者の方々の協力を得た。八九年データの使用と再分析をお許しいただいた池田寛教授はじめ大阪大学の研究者グループにも、ご協力いただいた調査対象校の皆様にも感謝したい。

執筆者を代表して
苅谷　剛彦

【キーワード】

「**新しい学力観**」……従来の知識偏重型の教育を改め、「自ら学ぶ意欲と社会の変化に主体的に対応できる能力を育成するとともに、基礎的・基本的な内容を重視し、個性を生かす教育を充実すること」(一九九一年の教育課程審議会答申)を、わかりやすいスローガンとして集約した表現だといわれる。

「**生きる力**」……一九九六年七月一九日発表の中央教育審議会答申「21世紀を展望した我が国の教育の在り方について(第一次答申)」において、これからの教育が育むべき目標として掲げられた「力」。「これからの子供たちに必要となるのは、いかに社会が変化しようと、自分で課題を見つけ、自ら学び、自ら考え、主体的に判断し、行動し、よりよく問題を解決する資質や能力であり、また、自らを律しつつ、他人とともに協調し、他人を思いやる心や感動する心など、豊かな人間性であると考えた。(中略)我々は、こうした資質や能力を、変化の激しいこれからの社会を[生きる力]と称することとし、これらをバランスよくはぐくんでいくことが重要であると考えた」とある。

「確かな学力」の向上……文部科学省は二〇〇二年一月一七日、確かな学力の向上のための二〇〇二アピール「学びのすすめ」を発表。学力低下についての社会各方面からの懸念に対し、「新しい学習指導要領のねらいとその実現のための施策とを今一度明確に示すとともに、そのねらいが確実に実現されるよう、さらに努力する必要があると考え」提出された。そこでは「新しい学習指導要領のねらいとする「確かな学力」の向上のために、指導に当たっての重点等を明らかにした方策」が示されるとともに、以下に見る「学力向上フロンティア事業」「スーパーサイエンスハイスクール」「スーパー・イングリッシュ・ランゲージ・ハイスクール」についても資料が提示されている。(以下はその資料から抜粋)

学力向上フロンティア事業……全国四七地域において「学力向上フロンティアスクール」を核として、発展的な指導、補充的な指導の一層の充実や小学校における教科担任制の実践的研究など確かな学力の向上のための取組を実施し、その成果を全国の小・中学校に普及する事業。また、個に応じた指導のための教師用指導資料の作成や、教科書会社などとの協力による「自ら学び自ら考える力」の育成のための教材開発を行う。**スーパーサイエンスハイスクール**……高等学校及び中高一貫教育校における理科・数学に重点を置いたカリキュラムの開発や、大学や研究機関等との効果的な連携方策についての研究など、科学技術・理科、数学教育に関する研究開発を行う学校。**スーパー・イングリッシュ・ランゲージ・ハイスクール**……英語教育に重点を置いたカリキュラムの開発、一部の教科を英語によって行う教育、大学や海外姉妹校との効果的な連携方策など、英語教育に関する研究開発を行う学校。

第Ⅰ部　小中学生の基礎「学力」はどう変わったか

1　二つの学力観を超えた議論を

二〇〇二年四月から学校週五日制の完全実施と新しい学習指導要領の教育が始まった。それに先立ち、同年一月には文部科学省（文科省）がアピール「学びのすすめ」を出した。そこには「確かな学力」の向上を図るために、宿題や補習を奨励するなど、一見、これまでのゆとり教育見直しともとれる見解が含まれている。重ねて八月には、文科省が「発展的内容」を教えるための小学校算数の教師用指導事例書を発表した。さらに、次回の教科書検定からは「発展的内容」を盛り込めるよう、教科書検定制度に変更を加える作業も始まっている。これらはみな、学習指導要領は「最低基準」であるとの方針を受けての動きである。

詰め込み教育、受験教育からの訣別《けつべつ》を提言した九六年の中央教育審議会答申をもとに、「自ら学び、自ら考える力」＝「生きる力」の教育をめざした「総合的な学習の時間」が新指導要領に盛り込まれた九〇年代後半、メディアは教育改革の歓迎ぶり一色で染まった。その頃と比べると、その後、議論の方向性は大きく変わりつつある。

ところが議論の多くは、いまだ「生きる力」か、知識重視かといった単純な二分法を抜け出ない。文科省のアピールに対しても、学力向上と言い出した途端に、詰め込み教育に戻るのかといった反応があらわれたくらいである。

学力観の変化を、振り子の動きにたとえる見方がある。「生きる力」に代表される体験的な学習を重視する主張と、知識重視の意見との間を、それぞれの時代の学力観が揺れ動く、というのだ。だからだろうか、振り子をどちらに引っ張るかをめぐる議論が幅を利《き》かせる。この振り子論に立てば、現在、振り子は再び知識重視へと揺り戻されているかのようである。

しかし、学力についての議論がどんなに振り子のように揺れ動いたとしても、それを受けとめる教育の現実は、すでに大きく変わってしまった。にもかかわらず、「あれかこれか」の学力観に拘泥《こうでい》する振り子論では、こうした事実に目が届かない。私たちにとってまず必要なのは、水掛け論に終わりがちな学力論に縛られることなく、学力の振り子論の視野にはおさまらない教育の実態の変化を、できるかぎり実証的に検証することである。

ここで報告する私たちの調査は、一九八九年と二〇〇一年との間で、小中学生の基礎的な学力の実態と、学習状況がどのように変化したのかを分析可能にするものである。八九年という時点は、子どもの興味・関心、意欲などを重視し、教師は指導者ではなく子どもの支援者であることを強調した「新しい学力観」導入以前の時期にあたる。一方、二〇〇一年は、八九年改訂の指導要領が本格実施された年である九二年以後、十年にわたり新しい学力観に沿った教育が行われ、さらには今回の「総合的な学習の時間」の試行等を含む、現行指導要領への移行期の最終年にあたる。したがって、この二時点間を比べることで、二〇〇二年四月から始まった新指導要領のもとでの教育の問題点を予測することができると考えるのである。

私たちが自らこうした学力調査を企画したのは、文科省が二〇〇二年一、二月に実施した学力調査では明らかにできない問題点を探ろうとしたからである。文科省は、全国規模で小学校五、六年生と中学生約四九万人を対象とした学力調査と学習状況調査を行った。新指導要領での教育が「学力低下」をもたらすのではないかとの懸念に対し、実態を調べようというのである。その結果は、二〇〇二年秋に公表されるといわれている。

こうした実態把握が行われるようになったことは、これまでの行政に比べれば一歩前進といえる。しかし、今回の文科省調査では、調査の設計上(それは多分に行政が行う調査の限界に由来する)明らかにできない次のような問題点が残されている。

第一に、子どもの生活実態や学習状況と学力との関係を、過去との比較を交えて分析することができない点である。今回の文科省調査にも、学習時間などの子どもの学習状況をとらえるためのアンケート調査が含まれているといわれるが、過去の学力調査には、そうした調査は含まれていない。したがって、仮に学力面で変化があったとしても、それがいかなる原因によって生じたのかを探ることができないのである。

とくに、私たちの報告では、学習塾に行っている子どもと行っていない子どもとで、過去十二年間に算数・数学と国語の学力にどのような変化が生じているのかを分析している。後で詳しく述べるように、この分析によって、塾などに頼ることができず学校での学習だけに頼っている子どもの学力の変化がたどれる。見方を変えれば、たとえ全体の平均点で見た学力に変化がなかったとしても、その結果だけでは公立学校の教育に問題がなかったとはいえないのである。塾などによって学力が維持されている可能性があるからだ。後に見るように、私たちの調査では、塾に行かない子どもの基礎学力の低下が著しい。こうした分析は文科省の調査では不可能である。

第二に、家庭的な背景の影響についての分析も、文科省の調査ではできない。「学力低下」問題は、たんに全体としての学力がどうなっているかにとどまらない。どのような子どもたちの学力が低下しているか、学力の格差がどのような要因と関係しながら拡大しているのか、といった論点が重要である。全体の平均を見るだけでは、格差の拡大を「自己責任」の問題として個人におしつけかねない教育改革の問題点を明らかにすることはできないのである。

ところが、家庭的な背景について調べることが、おそらくは行政が行う調査としては一種のタブーになっているのだろう。社会政策上きわめて重要であり、しかもアメリカやイギリスなど他の国の同種の調査であれば当然含まれるこうした質問項目が、文科省調査には含まれない。たしかに、私たちの調査は、文科省調査に比べれば、対象とした地域も限定され、調査対象者の数や対象とした学年についても限界がある。それでも、文科省調査ではとらえられない問題点にまで切り込んで、子どもたちの学力と学習状況を把握することが可能である。学力の振り子論では視野に入らない教育実態の変化をとらえることにもつながる。それに、なによりも、文科省が内輪で行う身内の調査ではなく、「第三者評価」としての意味合いこそが、小規模ながら今回の調査の持つ最大の意義といえる。

2　今回の調査について

分析に先立ち、私たち研究グループが二〇〇一年十一月に関西都市圏で実施した、学力に関する調査の概要について説明しよう。この調査は、一九八九年に大阪大学のグループ(代表：池田寛教授)が実施した「学力・生活総合実態調査」をもとにしている。

阪大グループのオリジナル調査は、「学力テスト」と「生活と学習についてのアンケート」の二種を、小学校五年生二一〇〇名あまり、中学校二年生二七〇〇名あまりを対象に行ったものである。

私たちが阪大調査に注目した理由は、この調査との比較によって、前々回の学習指導要領の時代と、「新しい学力観」が導入された前回の指導要領の最終年との間で、学力がどのように変化したのかをみることができると考えたからである。加えて、学力の実態と子どもたちの生活・学習状況との関連も、その変化を含めて分析可能になる。学力が低下したかどうかを見るだけでは、教育の改善にはつながらない。子どもたちの生活や学習状況とあわせて、しかも、その変化まで視野にいれて見ることで、教育改革に資する分析が可能になる。

そこで私たちは、十二年前に大阪大学が用いた「学力テスト」の問題をほぼそのまま使い、採点基準についても過去のマニュアルに忠実にしたがって採点を行った。また、「生活・学習アンケート」については内容の修正を施したうえで、前回調査の対象校に個別に依頼した。結果的に小学校一六校、中学校一一校(前回対象校の約七割にあたる)の協力を得た。有効回答数は、小学五年生が九二一名、中学二年生が一二八一名である。

国語と算数・数学からなる今回の学力テストの問題は、八九年時点での学習指導要領にもとづいて、当時の調査対象地区の教師たちが、「ひと学年前までの教育内容」からピックアップしたものである。ちなみに、九二年の指導要領改訂に伴い削除された問題は含まれていない。したがって、テスト結果に何らかの変化が生じていたとしても、それは、その内容が指導要領から削除された(つまり未習だった)からではない。

なお、八九年と〇一年とを比べると、今回の調査対象地域では、国立、私立の中学校に進学したものの比率が、およそ三%から七%へと高まっている。その点、中学生の結果を見る場合には注意が必要である。ただし、東京のように二五%近い子どもが国立、私立に行く地域とは異なり、四ポイント程度の上昇は、仮にこれら調査から外れた子ども全員が今回のテストで九五点をとった生徒だと仮定しても、〇一年テストの平均点を一点程度低めているに過ぎないと推定でき、今回の分析結果を大きく変えるものではない。

出題した問題の内容としては、国語は「長文読解」「文章構成」「文法」「漢字」、算数は「数と計算」「量と測定」「図形」「数量関係」、数学は「数と式」「図形」「数量関係」といった領域から成る。後で詳しく見るように、前回調査において、全体の正答率はおおむね七〇~八〇%という値であった。この平均点の高さから見て、用意された問題は、ごく基本的な学習項目であるといえる。その意味で、以下の分析は、学習指導要領に提示された、かなり基本的な内容について、子どもたちがどれだけ学習に習熟していたかに関する変化を示すものといえる。以下、こうした学習習熟度のことを、簡略化のため「(基礎)学力」と表現するが、「あれかこれか」の学力の定義をめぐる議論に与《くみ》する意図はないことをお断りしておく。

3　基礎学力は下がっているのか？

(1)　正答率の変化

それでは、子どもたちの基礎学力は、実際に低下しているのか。学力格差は、以前より拡大しているのか。教科別の詳しい分析の前に、全体の傾向について見ておこう。

表I－1は、二時点における、四つのテスト(小学校国語・小学校算数・中学校国語・中学校数学)の結果を、設問ごとに比較したものである(具体的な出題例については教科別の分析のところで示す)。この表で「アップ」とは、今回の正答率が前回から三ポイント以上上がったことを、「ダウン」とは、今回の結果が三ポイント以上下がったことを示している。また、「横ばい」とは、正答率の変化の幅が三ポイント未満であった設問を指している(調査対象者数をもとに統計的に見れば、三ポイント以上の差がある場合、変化に意味ありといえる)。表内の数値は、それぞれのカテゴリーのあてはまる設問総数であり、カッコ内はその割合(%)である。たとえ

表I-1　正答率の比較　　( )内は%

	アップ	ダウン	横ばい	設問総数
「小国」	1 (3.2)	19(61.3)	11(35.5)	31(100.0)
「小算」	0 (0.0)	45(86.5)	7(13.5)	52(100.0)
「中国」	7(16.3)	26(60.5)	10(23.3)	43(100.0)
「中数」	1 (3.0)	25(75.8)	7(21.2)	33(100.0)

「アップ」は3点以上上昇した設問,「ダウン」は3点以上低下した設問,「横ばい」は変化の幅が3点未満の設問をそれぞれ意味する.

ば、小学校国語のテスト(「小国」とあらわす)では、設問のうち(三一問中)、正答率が上昇したのは一問だけで、ダウンが一九問、横ばいが一一問だったことを示す。

表より、一見してどの教科でもダウンの比率が高いことがわかる。特に小学校算数(「小算」)では、アップした項目はひとつもなく、何と五二問中四五問(八六・五%)で正答率がダウンという結果となっている。中学校国語(「中国」)でもっとも下げ幅は低いが、それでも半分をこえる約六割の設問で正答率がダウンしている。

結果を把握しやすくするために、各テストの結果を一〇〇点満点に換算し、それぞれの平均点を算出したのが**表I－2**である。

表I-2　平均点の比較　　単位：「点」

	89年	01年	変化
「小国」	78.9	70.9	−8.0
「小算」	80.6	68.3	−12.3
「中国」	71.4	67.0	−4.4
「中数」	69.6	63.9	−5.7

(点数の算出の仕方)例えば「小国」で31問中20問正解の場合は，まずは単純に1問を1点とし，31点満点中20点を100点満点に換算するために，20／31に100をかけ，64.5点とする．

る。結果をみると、もっとも低下がいちじるしいのが「小算」で一二・三ポイントの低下、以下「小国」が八・〇ポイント、「中数」五・七ポイント、「中国」四・四ポイントの低下となっている。

これらの結果をみるかぎり、子どもたちの基礎学力は、少なくとも私たちの調査によるかぎり、低下しているといわざるをえない。「学習指導要領が変わり、子どもたちの興味・関心を重視する「新しい学力観」に授業の重点もシフトした。だから、多少ペーパーテストの点数が落ちても目くじらを立てる必要はない」――そういう見解もありえようが、それにしてもこの結果は、等閑視できるものではないだろう。しかも、第II部での分析が示すように、「新しい学力観」に立つ学力についても芳《かんば》しい結果は得られていないのだから。

さて、十二年前の小学生が八〇点以上とれていた算数の問題を、現在の子どもは六八点しかとれない。この結果は、やはり問題だといえよう。しかもテストに出ているのは、間違いなく習っているはずの基本的な事柄である。全体の平均が八〇点ということは、たいていの子どもがクリアできる「やさしい」問題だということだ。それが、前回の学習指導要領が実施された十年の間に、一〇点以上下がっているのである。

(2)　学力格差は拡大したか?

次に考えたいのは、どの層の学力が落ちているのかという問題である。子どもたちの力は、おしなべて落ちているのか。それとも、特定の層の子どもたちの落ち込みが激しく、学力低下と同時に、学力格差が拡大しているのか。

格差の変化を見るために、ここでは算数・数学の平均点を、「一〇点未満」「一〇点台」「二〇点台」……「八〇点台」「九〇点以上」と、一〇点きざみでグループ化し、その分布を示した(図I―1、図I―2)。図I―1は、「小算」の結果である。アミをかけた棒グラフが八九年調査、黒いほうが今回の〇一年調査の結果を示している。

八九年調査では、得点の分布はきれいな右肩上がりのカーブを示していた。すなわち、もっとも多いのが「九〇点以上」(三八・九%)、以下「八〇点台」(二五・九%)、「七〇点台」(一四・九%)と続き、「一〇点未満」が最小(〇・二%)となっていた。ところが、〇一年調査になると、カーブ

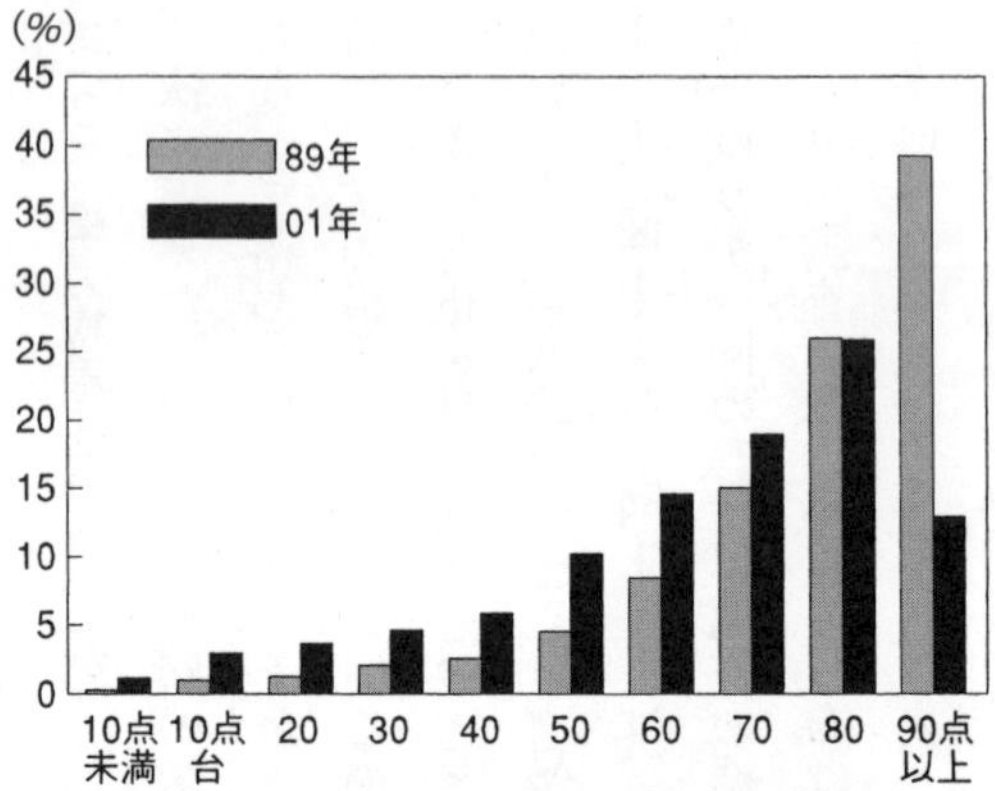

図Ⅰ-1　小学校算数の得点分布の変化

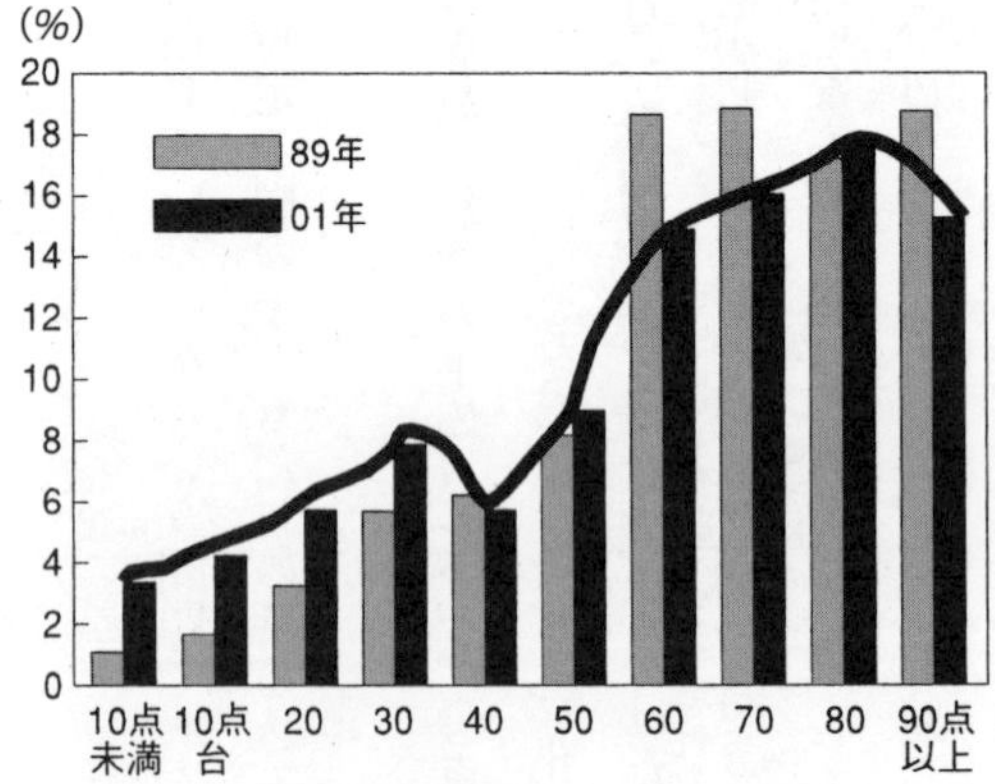

図Ⅰ-2　中学校数学の得点分布の変化

の形が大きく変化している。「九〇点以上」の数値がガクンと減り（一二・八％）、ピークが「八〇点台」（二五・八％）となっている。と同時に、八〇点未満を示す残りの八本の黒い棒グラフが、となりのアミをかけた棒グラフよりもいずれも高くなっている。五〇点未満のグループを「低得点層」と名づけ、その割合を出すと、八九年調査では七・二％だったのが、〇一年では一八・〇％と、二・五倍に増えている。

つまり、かつては四割くらいの子どもが満点に近い点数をとっていたのが、今日ではそのグループは一三％と八九年の三分の一に減り、逆に、五〇点もとれない低得点層が二・五倍増え、二割に迫る勢いなのである。子どもたちの算数の点数の下方シフトを示すこのグラフは、かなりショッキングな結果である。なお、スペースの関係で図表は示さないが、国語の結果も、算数の傾向を少し弱めたような形になっている。

つぎに図I−2をもとに、中学校数学の結果をみよう。このグラフでもっとも注目されるのは、〇一年調査の黒い棒の並びが、線であらわしたように「ふたコブらくだ」の形状を示していることである。すなわち、第一のピークが「八〇点台」(一七・九%)にあるのに対して、それほど高い山ではないものの、「三〇点台」(七・九%)のところに第二のピークができている。教育現場でしばしば耳にするのが、この「ふたコブ化」現象である。「子どもたちの学力が全般的に低下しているというわけではなく、むしろ「できる子とできない子の格差が拡大して、ふたコブ化が進んでいる」。教師たちの実感として語られる現象の兆しが、はからずも、この中学校数学のグラフから読み取れるのである。

(3)　通塾状況と学力の関係～塾の影響からみた公立学校の教育力

では、こうした学力の変化には、どのような要因がかかわっているのか。ここでは「通塾の有無の影響」を取り上げる。その理由は、塾に行っていない子どもの学力を比べることで、学校中心に学んでいる場合の学習成果が、十二年間でどう変化したかを見ることができると考えるからである。いいかえれば、塾による学力の下支えの影響を取り除いた場合の、公立学校の教科面での教育成果を直接うかがい知ることができるというわけだ。

まず、通塾率自体の変化を見ておく。八九年では小学生の二九・二%、中学生の五四・四%が塾に通っていた。それが〇一年には、小学生が二九・四%、中学生が五〇・七%となっている。この

表Ⅰ-3 「通塾」「非通塾」別の平均点の比較

	89年			01年			89年と01年の差	
	通塾	非通塾	差	通塾	非通塾	差	通塾	非通塾
小国	80.9	78.0	−2.9	75.9	69.6	−4.5	−5.0	−8.4
小算	84.6	78.9	−5.7	73.0	67.5	−5.5	−11.6	−11.4
中国	74.5	68.3	−6.2	71.9	63.2	−8.7	−2.6	−5.1
中数	75.8	62.5	−13.3	74.5	54.5	−20.0	−1.3	−8.0

単位：「点」

間の通塾率は増加していない。中学生にいたっては、四ポイントほど減少している。これには、おそらく長引く経済不況が関係しているのだろう。

表Ⅰ－3は、「塾に行っている」グループ(「通塾」)と「行っていない」グループ(「非通塾」)別に、八九年調査と〇一年調査の平均点を算出したものである。「差」の数値は、両グループ間の点数の差をあらわしている。たとえば「小国」では、八九年の時点で通塾グループの平均は八〇・九点、非通塾グループのそれは七八・〇点で、その差は二・九点ということである。

この表から、興味深い事実を引きだすことができる。第一に、通塾グループの点数は、いずれのテストでも非通塾グループより高い。第二に、両者の差は、「中数」では一〇ポイントを超す大幅なものとなっている(他のグループでは差は一桁《けた》台にとどまる)。第三に、それぞれの「差」の数値を八九年と〇一年とで比べると、「小算」をのぞいて、いずれも拡大傾向にある。とくに「中数」では、八九年には一三点であった格差が、〇一年では二〇点もの開きとなっている。そして第四に、八九年と〇一年とで塾に行っていないもの同士を比べると、小学校算数を除いて、点数の低下の幅は通塾者同士の低下よりも大きくなっている。

これらの結果から、公立学校の教科面での学習指導の力が落ちている可能性が推測できる。塾に頼ることができず、学校中心に学習をしている子どもだけを見た場合、八九年に比べ〇一年での基礎学力の落ち込みが大きくなっているからである。たしかに、ペーパーテストで測られた「旧学力」に過ぎないのかもしれない。それでも、「新しい学力観」導入前の八九年には平均正答率が七、八割であった基礎的な問題さえ十分解けないケースが、学校だけに頼って学習を続ける子どもたちの間で拡大しているのである。

この結果を別の面から見れば、塾に行く者と行かない者・行けない者との格差が拡大する傾向にあるということである。特に中学校の数学では顕著である。中学生の通塾率は約五割であるが、塾に行っていない半分の生徒たちは、数学の学習事項を習得する上で以前よりきびしい状況に置かれるようになった。本来、基礎学力を下支えする主役であるはずの公立学校が、その役割を弱めているのである。

もう一つ注目に値するのは、小学校算数の結果である。通塾グループの点数が、八九年の八四・六点から〇一年の七三・〇点へと一一点あまり低下している。八九年の非通塾グループの点数が七八・九点だったことと比べると、「今の塾に通う子」は「かつての塾に通わなかった子」よりも、平均点で六点ほど低い。八九年の小学校の教室では、今よりずっとみっちりと算数の基本的事項を指導していたのだろう。あるいは、塾の多様化戦略のもとでいわゆる進学塾だけでなく補習塾に通う小学生が増えたことを、この数値は反映しているのかもしれない（ただし、前述の通り通塾率は上がっていない)。即断はできないが、この結果は、第一に、「塾へ行けば万全」とは決して言えないこと、第二に、学校における授業のやり方を工夫・改善しさえすれば、八九年時点のように、塾に頼らなくても、子どもたちの基礎学力が再びアップする可能性があること、そして第三に、それとは反対に、学校における教科の指導力がさらに低下していけば、塾に行ったとしても学力の保障が難しくなることを示唆している。まさに、学校の教え方、教科指導の力が問われているのである。

4 算数・数学の学力はどう変化したか

(1) 小学校算数の低下の特徴

ここまでは、全体の傾向をみてきた。つぎに、教科別に詳しく結果を見ていくことにしよう。

表I―4に小学校算数の領域別の平均得点を示した。ここでは学習指導要領の分類に従い、〈数と計算〉〈量と測定〉〈図形〉〈数量関係〉の四つの領域別に見た。また、〈数と計算〉に関しては設問数が多かったので、サブ領域として、数の意味や表し方についての理解をみる〈概念〉と、こうした概念の理解を実際に使えるかどうかの技術をみる〈計算〉とに分けて検討した。

この表から、算数の学力低下はすべての領域でおきていることがわかる。低下の幅は、七〜一九点である。また、〈数と計算〉よりも、〈量と測定〉〈図形〉〈数量関係〉の三領域での低下が大きい。昨今、「旧読み・書き・算の学力低下」が話題になり、計算を中心とするドリル学習などが行われる傾向を耳にする。しかし、実際の算数の学力低下は、より広範な領域でおきている。したが

表 I -4　小学校算数の領域別の平均得点　　　単位：「点」

	問題(例)	89年調査	今回	差
数と計算 (概念)	10億が3こ、100万が7こ、10万が5こ、1万が4こ、100が1こ、10が6こあつまってできる数を数字でかきなさい。	81.5	74.7	−6.8
数と計算 (計算)	2684−1389の計算をひっさんでしなさい。	86.0	77.8	−8.2
量と測定	右のような正方形があります。面積を求めなさい。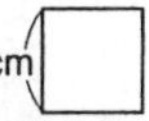	71.7	56.3	−15.4
図　形	つぎの図形の中から、台形と二等辺三角形をさがして、記号で答えなさい。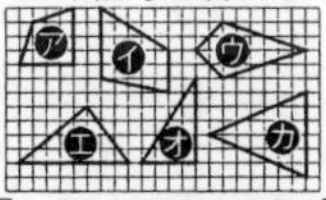 ① 台形 □　② 二等辺三角形 □	79.2	65.6	−13.6
数量関係	50円切手4まいと、70円切手3枚をかいました。いくらはらえばいいですか。式をかいてときなさい。	81.2	62.7	−18.5

表 I -5　〈小数〉と〈分数〉の領域別の平均得点

<table>
<tr><td>問題(例)</td><td colspan="3">小　数</td><td colspan="3">分　数</td></tr>
<tr><td>概念</td><td colspan="3">つぎの数直線上の↑の数を小数で書きなさい。
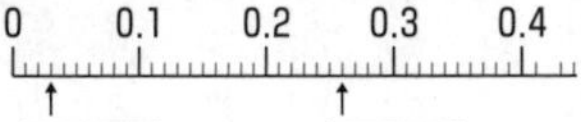
① □　② □</td><td colspan="3">つぎの分数は、数直線のア〜スのどれにあたりますか。記号で答えなさい。
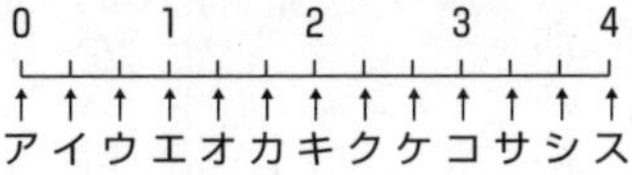
①$\frac{2}{3}$(　) ②$\frac{4}{3}$(　) ③$2\frac{2}{3}$(　)</td></tr>
<tr><td>計算</td><td colspan="3">つぎの計算をひっさんでしなさい。
5.12+12.8
12.24−1.2</td><td colspan="3">つぎの計算をしなさい。
$3\frac{2}{9}+\frac{5}{9}$
$4\frac{3}{5}-3\frac{1}{5}$</td></tr>
<tr><td>平均得点</td><td>89 年</td><td>01 年</td><td>差</td><td>89 年</td><td>01 年</td><td>差</td></tr>
<tr><td>概念</td><td>91.1</td><td>88.0</td><td>−3.1</td><td>74.1</td><td>64.4</td><td>−9.7</td></tr>
<tr><td>計算</td><td>82.2</td><td>69.0</td><td>−13.2</td><td>84.3</td><td>83.1</td><td>−1.2</td></tr>
<tr><td>差</td><td>8.9</td><td>19.0</td><td></td><td>10.2</td><td>18.7</td><td></td></tr>
</table>

単位：「点」

って、〈数と計算〉以外の領域にも注目する必要がある。

つぎに、〈数と計算〉領域をより詳しく見ると、〈分数〉と〈小数〉とで異なる傾向を示す。表I－5は、〈分数〉と〈小数〉それぞれの〈概念〉と〈計算〉について平均得点を比較したものである。興味深いことに〈小数〉では〈計算〉の方が、〈分数〉では〈概念〉の方がより低下している。

数直線上に小数や分数を位置づける問題(これにより〈概念〉としての理解度がわかる)の場合、子どもたちにとって、小数よりも分数のほうが難しい。それに対し、計算においては、分数よりも小数の計算を子どもたちは苦手とする。「分数のできない大学生」が話題になったが、小学校段階で見るかぎり、できなくなったのは計算よりも、分数の概念的な理解である。

また、今回の学習指導要領での内容削減では、小数の計算を苦手とする子どもたちを考慮して、小数点以下二桁の計算をはずし、「円周率は三・一四」ではなく、「およそ三」として計算する方針が打ち出され話題となった。これまでの教育を通じて、すでに小数の計算の苦手な子どもが増えているという今回の結果からすれば、苦手なものをさけ、扱わなくなれば、ますますこの傾向が助長されることが予想される。実態把握を怠ったまま指導要領の改訂を行ったことのツケが計算の苦手な子どもたちに回される可能性があるのだ。

(2) 中学校数学の低下の特徴

では、中学校の数学はどうか。表I－6は数学の領域別の結果である。小学校と同様の観点で、〈数と式〉〈図形〉〈数量関係〉を設定し、〈数と式〉のサブ領域として〈正負の数〉〈文字と式〉〈方程式〉

表I-6　中学校数学の領域別の平均得点

単位：「点」

		問題（例）	89年調査	今回	差
数と式	正負の数	次の計算の答えとして正しいのはどれですか。 $(-7)\times(+6)$ ① −46　② −42　③ −1　④ 42　⑤ 46	77.4	74.0	−3.4
	文字と式	次の計算の答えとして正しいのはどれですか。 $5(2x-1)-(x-6)$ ① 9x＋1　② 9x−11　③ 9x＋5　④ 9x−1　⑤ 9x＋11	67.2	61.6	−5.6
	方程式	次の方程式の解として正しいのはどれですか。 $2x-5=4x-2$ ① $x=\frac{3}{2}$　② $x=-\frac{7}{2}$　③ $x=-\frac{7}{6}$　④ $x=-\frac{3}{2}$　⑤ $x=\frac{7}{2}$	73.5	64.4	−9.1
図形		下の図の直角三角形ABCを、ACを軸として1回転させたときにできる回転体の名前として正しいのはどれですか。 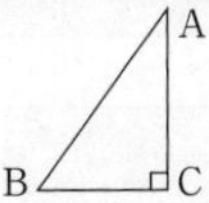 ① 円柱　② 球　③ 二等辺三角形　④ 三角すい　⑤ 円すい	61.7	61.5	−0.2
数量関係		次の表は、xとyの比例関係を表したものである。 □に適する値として、正しいのはどれですか。 x：… □ … −2 0 3 … y：… −18 … −6 0 9 … ① 6　② −6　③ −21　④ −4　⑤ −54	60.7	57.7	−3.0

を設定した。

算数同様、中学の数学でも、すべての領域で基礎学力が低下している。その幅は、一～一〇点であり、算数ほどは大きくはない。領域別で低下の幅が大きいのは〈数と式〉で、領域内でも〈正負の数〉→〈文字と式〉→〈方程式〉と学習段階が進むにつれて、低下の幅は、二倍、三倍と大きくなる。

特に低下の大きかった〈方程式〉について詳しくみよう。図I―3は方程式の問題別に、「正答」「誤答」「無答」の割合を示したものである。低下の幅は、$2x-5=4x-2$や$4x+3=5$のように、方程式の解が分数となるもの、続いて$0.5x-1=0.3x+0.2$や$\frac{x+1}{3}=$

$\frac{-x-3}{2}$のように、問題の式に小数や分数が含まれているものの順に広がっていく。

答えを何も選ばなかった「無答」率に着目すると、八九年調査と比較して、どの問題でも「無答」の生徒が増加している。問題は、答えを五つの選択肢から選ぶ方式をとっている。にもかか

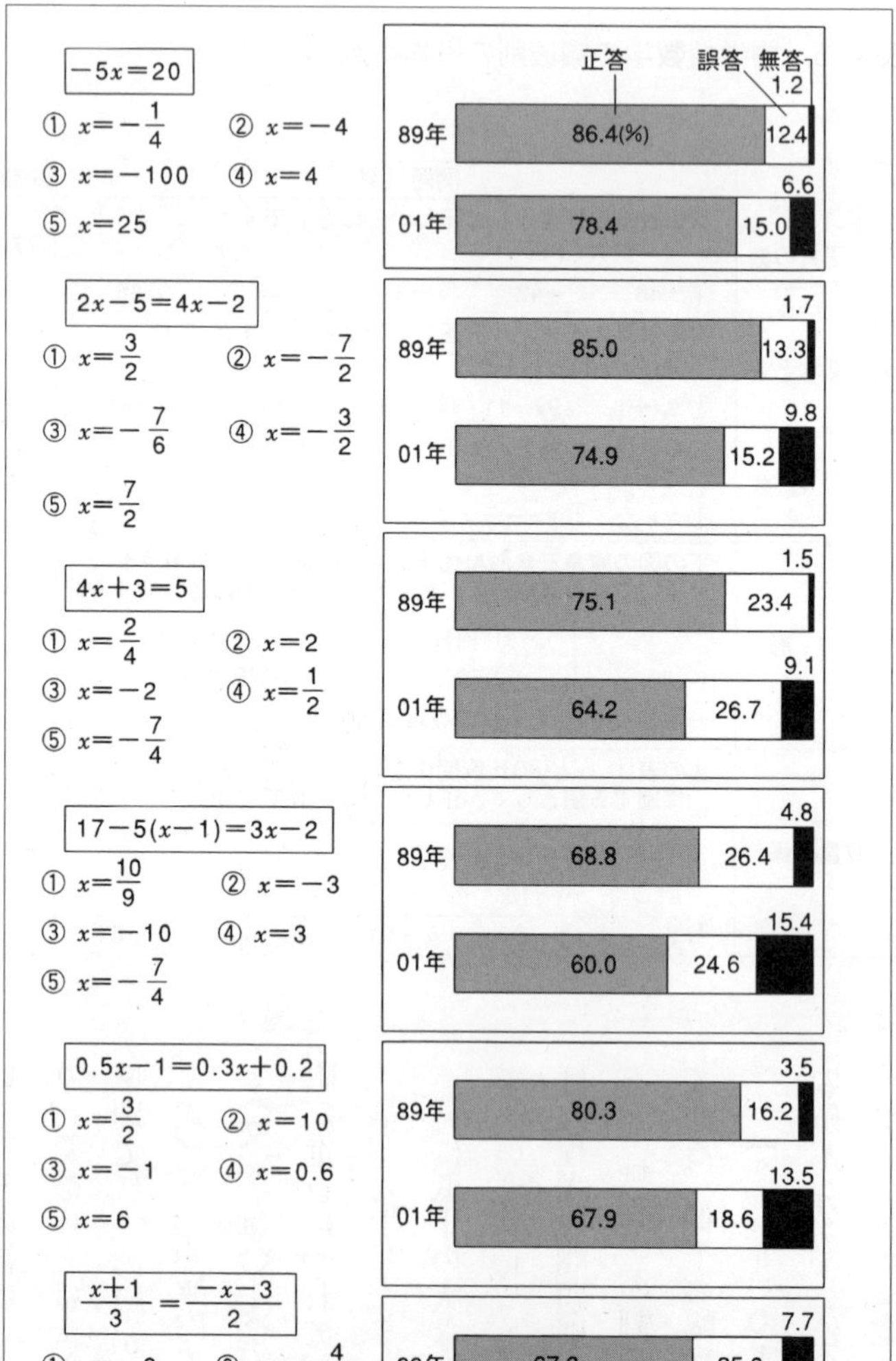

図Ⅰ-3 〈方程式〉の問題別の「正答」「誤答」「無答」の割合

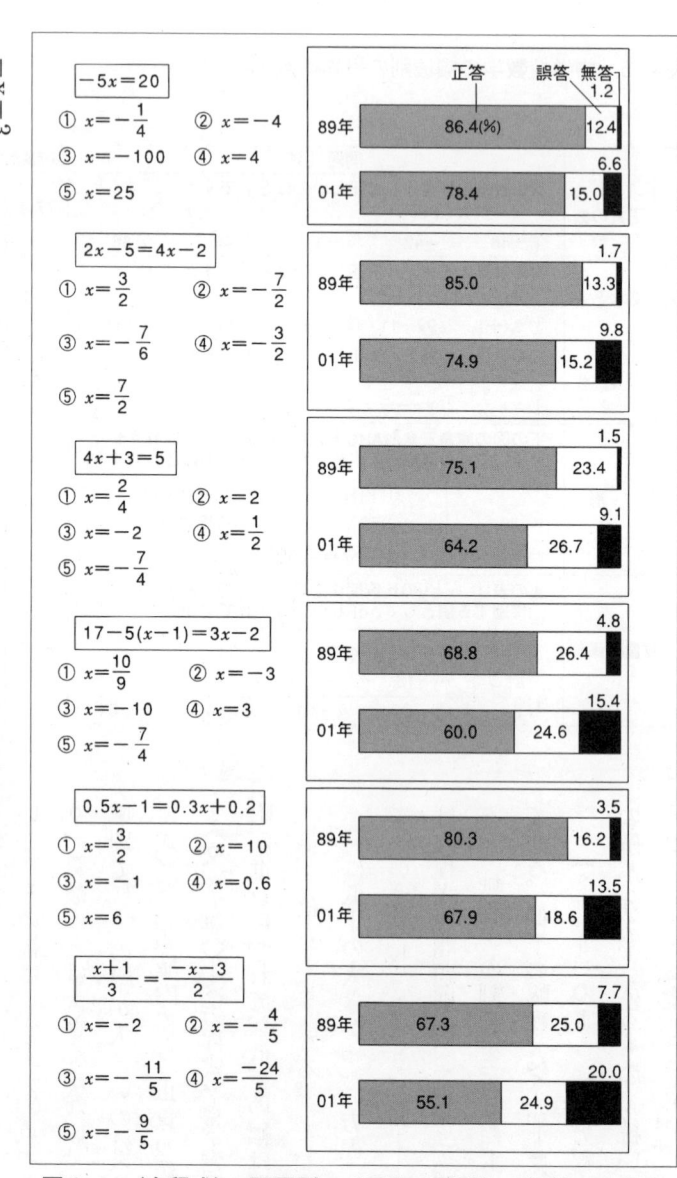

表Ⅰ-7　算数・数学の平均得点と通塾・非通塾の関係　　単位：「点」

		89年			01年			差の差	89年と01年の差	
		通塾	非通塾	差	通塾	非通塾	差		通塾同士	非通塾同士
算数	数と計算(概念)	85.1	80.0	−5.1	75.9	74.4	−1.5	−3.6	−9.2	−5.6
	数と計算(計算)	89.5	84.5	−5.0	81.0	76.5	−4.5	−0.5	−8.5	−8.0
	量と測定	77.6	69.3	−8.3	58.4	55.5	−2.9	−5.4	−19.2	−13.8
	図形	82.5	77.8	−4.7	68.5	64.3	−4.2	−0.5	−14.0	−13.5
	数量関係	85.3	79.5	−5.8	65.4	62.0	−3.4	−2.4	−19.9	−17.5
数学	正負の数	82.4	71.6	−10.8	81.6	66.3	−15.3	4.5	−0.8	−5.3
	文字と式	73.7	59.7	−14.0	71.3	51.5	−19.8	5.8	−2.4	−8.2
	方程式	80.8	65.2	−15.6	75.5	53.0	−22.5	6.9	−5.3	−12.2
	数量関係	66.8	53.9	−12.9	65.8	49.3	−16.5	3.6	−1.0	−4.6
	図形	68.6	54.3	−14.3	70.4	52.4	−18.0	3.7	1.8	−1.9

わらず、当てずっぽうでもいいから答えを書く生徒が減り、何も書かない生徒が増えている。何を選べばよいのかもわからない、いわば「お手上げ」状態ともいえる、あるいは、答えようとする意欲さえもたない生徒が増えている可能性がある。

(3)　塾の影響

それでは、こうした算数・数学の学力低下傾向のもとで、塾に通うことはどのように影響しているのか。表Ⅰ−7は、領域ごとに、通塾グループと非通塾グループの平均得点を示したものである。通塾の有無による平均得点の差は、小学校の算数では、いずれの領域でも八九年より今回の方が小さくなっている。特に、〈量と測定〉、〈数と計算〉の〈概念〉、〈数量関係〉の領域で大きく縮まっている。

なぜ、このようなことがおこったのか。表

I―7右端の二つの欄をみていただきたい。これは、八九年調査と今回での、通塾グループ同士、非通塾グループ同士を比較したものである。小学校では非通塾より通塾の方が平均得点の低下幅が大きい。さらに、原因は不明だが、たとえ塾に行っていても、現在の小学生は、領域を問わず、十年前に塾に行っていなかった子どもの平均点に及ばない。つまり、小学生の場合、塾に行っていても、今回調査した算数すべての領域で、十二年前に比べ十分な学力が維持できていないのである。塾に行っていない子どもの学力の落ち込み以上に、塾に行っている子どもにも大きな学力の低下が生じているために、通塾の有無による格差が縮小したのだ。

これに対し中学校数学の場合、いずれの領域でも通塾と非通塾の平均得点の差は広がっている。領域別で低下の幅が大きかった〈数と式〉の領域では、〈正負の数〉四・五点↓〈文字と式〉五・八点↓〈方程式〉六・九点と、学習段階が進むにつれて、わずかずつだが「格差」が広がる傾向にある。また、非通塾グループ同士を比べると、〈図形〉では差が小さいものの、他の領域では四～一三点の平均得点の低下が確認される。通塾グループの低下は一～六点以内であり、非通塾グループ同士の低下のおよそ半分に抑えられている。とくに、非通塾者の平均点の低下は〈文字と式〉では八点、〈方程式〉では一二点になり、抽象性が高まり数学的な要素が強まるこうした領域で、この間、公立学校での教育だけに頼っていた生徒の学力低下がいちじるしいことがうかがえる。

5　国語の学力はどう変化したか

(1)「長文読解」「文法」の低下

表Ⅰ-8　国語の学力の変化【小学校】

	長文読解		漢字		文法		文章構成	
	89年	01年	89年	01年	89年	01年	89年	01年
平均点	65.79	56.62	82.13	78.90	83.06	74.67	37.38	32.43
標準偏差	23.25	23.96	21.38	24.23	14.73	19.25	48.40	46.84

平均点については，単位：「点」

表Ⅰ-9　国語の学力の変化【中学校】

	長文読解		漢字		文法		文章構成		語彙	
	89年	01年	89年	01年	89年	01年	89年	01年	89年	01年
平均点	61.39	56.99	68.74	66.59	84.46	76.15	48.59	50.36	75.16	72.02
標準偏差	22.45	24.22	21.13	20.70	19.77	24.35	49.99	50.02	29.10	28.85

平均点については，単位：「点」

すでに全体の分析のところで示したように、国語においても八九年調査と〇一年調査では、設問ごとの正答率が全般的に低下していた。それでは一体、どのような国語の力が落ちたのか。表Ⅰ―8、表Ⅰ―9は、小学校と中学校それぞれについて出題内容別に見た国語の結果をまとめたものである。

八九年と〇一年の調査時点の学習指導要領によれば、国語の領域は、〈理解〉、〈表現〉、〈言語事項〉の二領域一事項となっている。今回の調査では、〈表現〉の領域については出題していないが、〈理解〉、〈言語事項〉の領域から基本的な内容(設問分野としては、長文読解、漢字、文法、文章構成)を出題している。これらは、いわば他の教科について学習をすすめるうえでも基礎となる言語能力だと見なすこともできる。

表Ⅰ―8、表Ⅰ―9から、出題内容となった中学校国語の「文章構成」を除くすべての設問分野

表Ⅰ-10　正答率が10ポイント以上低下した項目（小学校国語）

	89年	01年	差
接続詞	82.2	70.7	－11.5
指示語	47.0	30.6	－16.4
指示語	68.8	56.2	－12.6
漢字・書き	81.2	70.4	－10.8
漢字・読み	85.0	67.9	－17.1
複合語	95.8	82.6	－13.2
主語・述語	33.3	15.9	－17.4
主語・述語	65.3	44.6	－20.7

単位：％

表Ⅰ-11　正答率が50％未満の項目（小学校国語）

	89年	01年
指示語	47.0	30.6
段落構成	32.4	27.5
主語・述語	33.3	15.9
文章構成力	37.4	32.4

単位：％

で低下が起きていること、なかでも、「長文読解」と「文法」の低下の幅が大きいことがわかる。これは小学五年生、中学二年生に共通してあらわれた特徴である。

ここでは、特に低下幅の大きかった小学校国語に焦点をあて詳しく見よう。**表Ⅰ―10**は、個別の設問ごとに見た場合に、正答率が一〇ポイント以上低下していた項目を、**表Ⅰ―11**は、設問ごとの正答率がこの十二年間で低いままの項目(五〇％未満)を示している。表Ⅰ―10、表Ⅰ―11からは、「指示語」の一問と「主語・述語」の一問とが、前回調査時点でも正答率が低かった上に、さらにこの十二年間で正答率が一六ポイント以上低下していることがわかる。表での「接続詞」「指示語」「段落構成」は「長文読解」に、また、「複合語」「主語・述語」は「文法」に含まれる設問である。

「主語・述語」については、三題出題されている。これらの問題では、与えられた文章から主語と述語の両方を正しく抜き出した場合のみを正解としている。とくに低下幅の大きかった問題は、「わたしは、先生に教えてもらった本を買った」という複文からの抜き出しである。しかもこの設問は、八九年調査においても正答率が三三・三%と低かった(今回は一五・九%)。数字は示さないが、誤答の中でも目的語や修飾語を含めて述語として抜き出してしまう解答が最も多いという傾向は見逃すことができない。複文になったとたんに、正答率がこれほどまでに低下するということは、「主語・述語」についての知識を活用できる程度には理解ができていないことを示していると思われる。

(2) 「長文読解」の出題例と正答率

ここで、「長文読解」について、実際の出題内容を示そう(三〇頁)。「長文読解」領域には、正答率の低下幅が大きかった「接続詞」「指示語」の設問と、前回調査に引き続き今回の調査においても正答率が五〇%未満の「段落構成」の設問が含まれている。解答方法は、選択肢があらかじめ与えられており、決して難易度の高い設問形式ではない。また、実際の問題文を見ると、各段落の冒頭に「それでは」「また」といった接続詞が明記してあり、決して読みとりづらい文章の構造とはなっていない。

まず、「接続詞」についてみてみよう。問題文中の段落番号⑥内の空欄②が設問箇所である。提示された選択肢は、「また」「たとえば」「しかし」「そこで」の四つである。補充すべき接続詞の後続の文の内容が、先行する文の具体的な例示になっていることを読みとれれば、「たとえば」

長文読解出題文（小学校国語）

一 つぎの文章《ぶんしょう》を読《よ》んで、あとの（1）から（5）の問題《もんだい》に答《こた》えなさい。

1 もし、ものに名前《なまえ》がなかったとしたら、どうでしょう。「つくえ」と言《い》う代《か》わりに、「本《ほん》を読《よ》んだり字《じ》を書《か》いたりする台《だい》」とでも言わなければならないでしょう。ところが、ここで使《つか》った「本」も「字」も「台」も、ものの名前ですね。もし、こういう、ものの名前が全部《ぜんぶ》なかったとしたら、どんなに不便《ふべん》なことでしょう。

2 ですから、わたしたち人間《にんげん》は、一つ一つのものに、それぞれ名前をつけています。新《あたら》しいものを考《かんが》え出《だ》したり、はじめて作《つく》ったりすれば、すぐ、①それに名前《なまえ》をつけます。

3 それでは、どういうふうにして、ものに名前をつけてきたのでしょう。

4 みなさんは海《うみ》にいる「ひとで」というものを知《し》っていますね。「ひとで」は、ちょうど人間の手《て》を広《ひろ》げたような形《かたち》をしています。［　①　］、「ひとで」と言われたのです。
「かぶとむし」という虫《むし》がいます。頭《あたま》の形が、むかし、さむらいがかぶったかぶとの形ににているから、そう言われたのです。「こうもりがさ」は、動物《どうぶつ》のこうもりが、はねを広げたときのように見《み》えるので、こういう名前をつけたのです。②このように、ものの形によってつけた名前がたくさんあります。

5 また、ものの色によってつけた名前もあります。「からすがい」というのは、貝《かい》がらの色《いろ》がからすのように黒《くろ》いので、このような名前がついたのです。

6 ものには、音《おと》をたてるものがあります。そこで、その音をもとにしてつけられた名前もあります。［　②　］、赤《あか》ちゃんのおもちゃの「がらがら」は、ふるとガラガラ音をたてるからです。「みんみんぜみ」「つくつくぼうし」などのせみの名前も、鳴《な》き声《ごえ》をもとにしてつけたものです。「かっこう」という鳥《とり》の名前も、その鳴き声からつけられたのでしょう。

を選択できる。しかし、児童の解答は前回調査と比較してみると、「また」と「そこで」を選択する割合が増えている。書かれた内容をその前後の文との関係において読みとる力が定着していない。

次に、「指示語」について検討しよう。問題文中の波線箇所①「それ」と②「このように」が「指示語」についての設問である。例えば、特に正答率の低い①「それ」について誤答傾向を見てみると、「一つのもの」を選択した割合は三一・五%、「一つ一つのもの」は二一・四%となっている。この設問の正答(「新しいもの」)率三〇・六%と同様の割合で誤答が選択されている。いずれの設問も「直前の内容を受ける」という指示語の機能について正しく理解していれば、選択肢が与えられていることによっても容易に解答できる設問内容である。にもかかわらず、正答率はそれぞれわずか三〇・六%と五六・二%であった。特に①「それ」は、前回の調査でも正答率が低かったのだが、今回それがさらに低下している。文章を論理的に読みすすめ、内容を正しく把握する力が十分獲得されていないことがうかがえる。この点は、「長文読解」に含まれる「段落構成」(文章を大きくわけると二つの話にまとめられるが、その二つ目の話がどこから始まるのかを問う設問内容)の正答率が低いまま(表Ⅰ—11参照)であることにも如実にあらわれている。

八九年の調査以後、九二年と今回の指導要領の改訂を通じて、国語科では、「文章を正しく読みとり理解する」指導よりも、「自分の考えを持ち、それを自分の言葉で表現する」こと、そして「コミュニケーション能力」「伝え合う力」を重視した指導へと重点を移してきた。たしかに、自分の考えを持ち、間違いをおそれず自分の言葉で表現できる能力を身につけることは重要である。しかし、自分の考えを他者に理解してもらう力は、共通の言葉のルールをある程度きちんと身につけてはじめて発揮可能となる。しかも、基礎的な読みの力が身についていなければ、理科や社会など他の教科の学習や「調べ学習」などを進める上でも、困難をきたすだろう。

今回の調査では、国語の授業の変化が低下をもたらしている、とまではいえない。だが、「新しい学力観」的な指導方針の転換によって、「正しく読みとる」ための言葉の基本的なルールや知識、つまり、文法や指示語や接続語、段落構成についての指導がおろそかになったとすれば、「長文読解」や「文法」の基礎学力の低下にますます拍車がかかるだろう。もちろん、たんに文法の知識だけを機械的に教えればよい、という訳ではないことはいうまでもない。

6　公立学校の役割——改革の十年を経て問われるもの

以上見たように、今回の調査の基本的な分析から浮かび上がってくる事実は、小学生、中学生の基礎学力の低下である。しかも、学力のちらばりが大きくなっていること、塾によって学習の補充を得られない子どもたちの間で学力の低下が一段と進んでいることは、出題された内容が、基本的なものに限定されていただけに、見過ごすことのできない事実である。

たしかに、限られた地域の、限られた数の子どもたちを対象とした調査の結果であり、これだけをもって、日本全体の教育を語ることには慎重でなければならない。しかし、それでも、こうした実態調査はこれまでまったくといってよいほど欠如していた。学力調査が行われても、せいぜいが平均点を見るくらいの分析にとどまっていた。しかも、文科省が、多大な税金を投入して全国規模で調査を実施しているとはいえ、調査の設計上、文科省調査では塾の影響などを取り除いた学力の変化をとらえることはできない。その点で、今回の調査から得られる基本的な事実をもとにすれば、教育改革の影響下にある公立学校の役割を考え直すうえで、つぎのような論点を引き出すことができる。

第一に、十年間続いた学習指導要領のもとでの教育が、基礎的な学力の定着に十分ではなかったことを指摘したい。子どもの意欲や、興味・関心を大切にしようと、指導より「支援」を重視してきた「新しい学力観」のもとでの教育は、少なくとも今回の調査で見るかぎり、基礎学力の定着という面で問題がなかったとはいえない。

かつての平均点が七〇、八〇点に及ぶ基本的な「やさしい」内容の問題を出題したことから考えれば、こうしたペーパーテストで測られる学力が多少低下しても、「生きる力」「自ら学び、自ら考える力」が育てばよいという見方は、かけ声だけの皮相な議論に聞こえてしまう。「自ら学び、自ら考える力」を育てるためにも、基本的な内容がわかりやすく教えられたのかどうか、それを子どもたちがきちんと身につけているかどうかに、公立学校はもっと責任を持つ必要がある。そのためには少人数学級の実現や教員の教科指導力の改善など、行政もそれをサポートする義務がある。ただし、計算や書き取りのドリルを機械的に増やせばいいというのではない。わかりやすい授業を最優先しつつ、子どもたちの学ぶ意欲につながるような、学んだことを応用できる力が身につくような、授業の改善が求められているのである。専門家の知識を総動員して、それを具体化する手だてを早急に探求すべきである。

第二に、格差拡大についてである。この十二年間にこれだけ基礎学力の格差拡大が進んだ。この事実をもとにすれば、二〇〇二年四月に始まった今回の新指導要領のもとでの教育においては、さらなる格差拡大が懸念される。教科を教える時間と内容を削減し、その分、子どもたちの自主性を尊重する「総合的な学習の時間」が導入された。理想通りに事が運べば問題はないのだろうが、子どもの実態は、厳しい現実を教育現場に突きつける。基本的な内容が十分身についていない子どもが増えている実態をふまえると、子どもの主体性にまかせるばかりの教育は、発展的な内容を含む体験学習や調べ学習の場において、さらなる格差を拡大しかねないからである。とくに、塾などに頼れない子どもにとっては、公立学校の責任は大きい。塾に通わせる費用の負担が難しい家庭、親が子どもの学習を十分見てあげられない家庭の子どもにとってこそ、義務教育段階では、授業の工夫や家庭学習への指導の工夫を含め、学校が手厚い支援を提供することが求められるのである。この問題については、本書第Ⅱ部で、詳しい分析を行った後で再度検討する。

第三に、こうした格差拡大の趨勢《すうせい》を前提におけば、学力の振り子論者が心配するような受験教育への全体的な回帰などおこりえないだろう。回帰したとしても、のってくるのは、一部の子どもたちだけである。というのも、小中学校の段階で、基礎的な内容が身についていない子どもたちを、受験競争のあおりを利用して再び学習に向けることは不可能に近いと考えられるからである。

その意味で、文科省の「学びのすすめ」アピールも、公立進学高校での受験補習の正当化の根拠に使われるだけでは、できる子どもだけをどんどん先へ進める格差拡大策に終わってしまう。

義務教育段階での、工夫をこらしたしっかりした学習指導が「確かな学力」向上の核心に据えられるべきである。それは、やみくもに機械的な「詰め込み」に戻ることでも、ていねいに知識を教えるのに躊躇《ちゅうちょ》することでもないはずだ。

学力の振り子論では、こうした格差拡大という実態の変化は目に入らない。学力論は振り子のように揺り戻しできたとしても、子どもの学習の実態は、簡単には変えられない。変わる部分があったとしても、偏りをもってであり、それがまた新たな格差をつくりだしていく。まずは最も基本的な学習内容の定着が、以前にもまして一部の子どもの間で危うくなっている現実に目を向け、その実態から「学力」という現象にあらわれる教育の課題について論じることが、「あれかこれか」の空中戦になりがちな学力論以上に求められるのである。

念のために付け加えれば、今回の調査結果から、自分の子どもは塾や私学に行かせれば安心だと判断をする読者がいるとすれば、それは断じて私たちの本意ではない。自分の子どもの行く末だけに限定されない、この国全体の公教育の問題だからである。将来を含め、社会全体への影響を考え、納税者、有権者として、こうした教育実態の変化をどう見ていくのか。問われているのは、公立学校の役割であり、公共性の問題なのである。この論点をより明確にするために、次の第Ⅱ部では、家庭環境の影響という問題に視点を広げて、調査の結果を見ていくことにしたい。

第Ⅱ部　教育の階層差をいかに克服するか

1　教育の階層差という問題

第Ⅰ部では、過去十二年間で、小中学生の算数・数学と国語の学力が低下し、学力格差も拡大していたことを見てきた。しかも、学力の低下は、塾に行けない子どもたち、公立学校だけに頼らざるを得ない子どもたちの間でより進んでいることが明らかとなった。子どもたちの興味・関心・意欲を重視した「新しい学力観」のもとでの教育が行われた十年間で、それ以前に比べ、算数・数学、国語の基礎的学力が低下していた事実が示されたのである。

このような格差拡大という全般的傾向をおさえた上で、第Ⅱ部では、子どもが生まれ育つ家庭環境の影響と、学校側の教科指導のあり方に注目しつつ、子どもたちの学習態度や行動、意識についての分析を行う。こうした階層差の視点からの分析を通じて、文部科学省の調査によっては明らかにできない、しかも政策上無視できない重要な論点を提出することが可能になるだろう。

結論を先取りすれば、私たちの調査から浮かび上がるのは、「調べ学習」などを含む、子どもたちの学習への取り組みに見られる家庭の文化的環境による格差の存在であり、また、学校の努力と工夫次第では、そうした格差をかなりの程度縮小できる可能性である。こうした実態をふま

表II-1　生活時間の変化　（単位：分）

	小89	小01	変化	中89	中01	変化
家で勉強する	53.6	40.7	−12.9	43.7	29.1	−14.6
テレビをみる	140.6	136.2	−4.4	126.2	158.7	+32.5
TVゲームをする	34.5	56.9	+22.4	23.8	51.9	+28.1
読書をする	29.4	25.2	−4.2	29.9	26.4	−3.5

表II-2　家でどのような勉強をするか（「しない」の割合）（単位：%）

	小89	小01	変化	中89	中01	変化
学校の宿題	1.5	2.1	+0.6	11.4	33.0	+21.6
学校の勉強の復習	43.3	46.7	+3.4	43.6	60.2	+16.6
学校の勉強の予習	59.2	60.8	+1.6	63.4	74.1	+10.7
塾の予習復習	71.2	67.6	−3.6	48.5	59.6	+11.1

選択肢は「いつもする」「ときどきする」「しない」の3つで，表中の数値は，「しない」と答えた者の割合.

えた上で、最後の部分では教育改革に必要な論点について議論する。

2　十二年間で何が変わったのか

前回調査の一九八九年から、今回の二〇〇一年にかけての十二年間は、いわゆる「新学力観」型の教育改革が積極的に推進された時期であった。「子どものよさを生かす教育」への転換をめざし、「子どもたちの主体的な学習」を中心にした教育への取り組みが本格化した。教師は指導者ではなく「支援者」だとされ、子どもたちの「関心・意欲・態度」を重視する「子ども中心主義」の教育が小学校を中心に広まった。

実際に、小学校では子どもの体験に力点を置いた「生活科」が導入され、それ以外の教科についても、「調べ学習」や体験学習が幅広く行われるようになった。点数で子どもを評価し序列づける教育から、「子どものよさ」を称揚しようとする個性尊重の教育が、(少なくとも考え方と形の上では)小学校を舞台に拡大していったのである。

それでは、こうした教育が行われた十年間に、子どもたちの生活や意識は、どのように変化したのだろうか。学力調査の分析の前に、子どもの変化を簡単に見ておこう。

表II－1は、子どもたちの生活時間の変化をみたものである。まず、「家で勉強する」時間の平均値をみると、小学五年生で約一三分、中学二年生で約一五分少なくなった。〇一年の中学生の勉強時間はわずか二九分である。それに対し「テレビをみる」時間は、中学生では何と一五九分に達し、前回から三〇分以上の大幅増となっている。「TVゲームをする」時間も大幅に増えており、小学生で約二二分、中学生で約二八分の伸びとなる。他方で、「読書(マンガ・雑誌をのぞく)をする」時間は、それほど落ち込みはひどくないものの、小学生で約二五分、中学生で約二六分と短い時間にとどまる。

これらの結果は、これまで他の調査でも指摘されてきた子どもたちの「勉強離れ」と、「ゆとり」がテレビ視聴へと向かう傾向と一致する。子どもたちが「自ら学ぶ」主体性を期待した教育が、実態としてはこうした結果を生んできたのである。

それでは、学習のしかたについてはどう変化したのか。「家でどのような勉強をしますか」の質問に対して、「宿題」「復習」「予習」「塾の勉強」の四項目を設定し、「しない」と答えた者の割合をまとめたのが**表II－2**である。表からうかがえるのは、とりわけ中学生で、家庭での学習

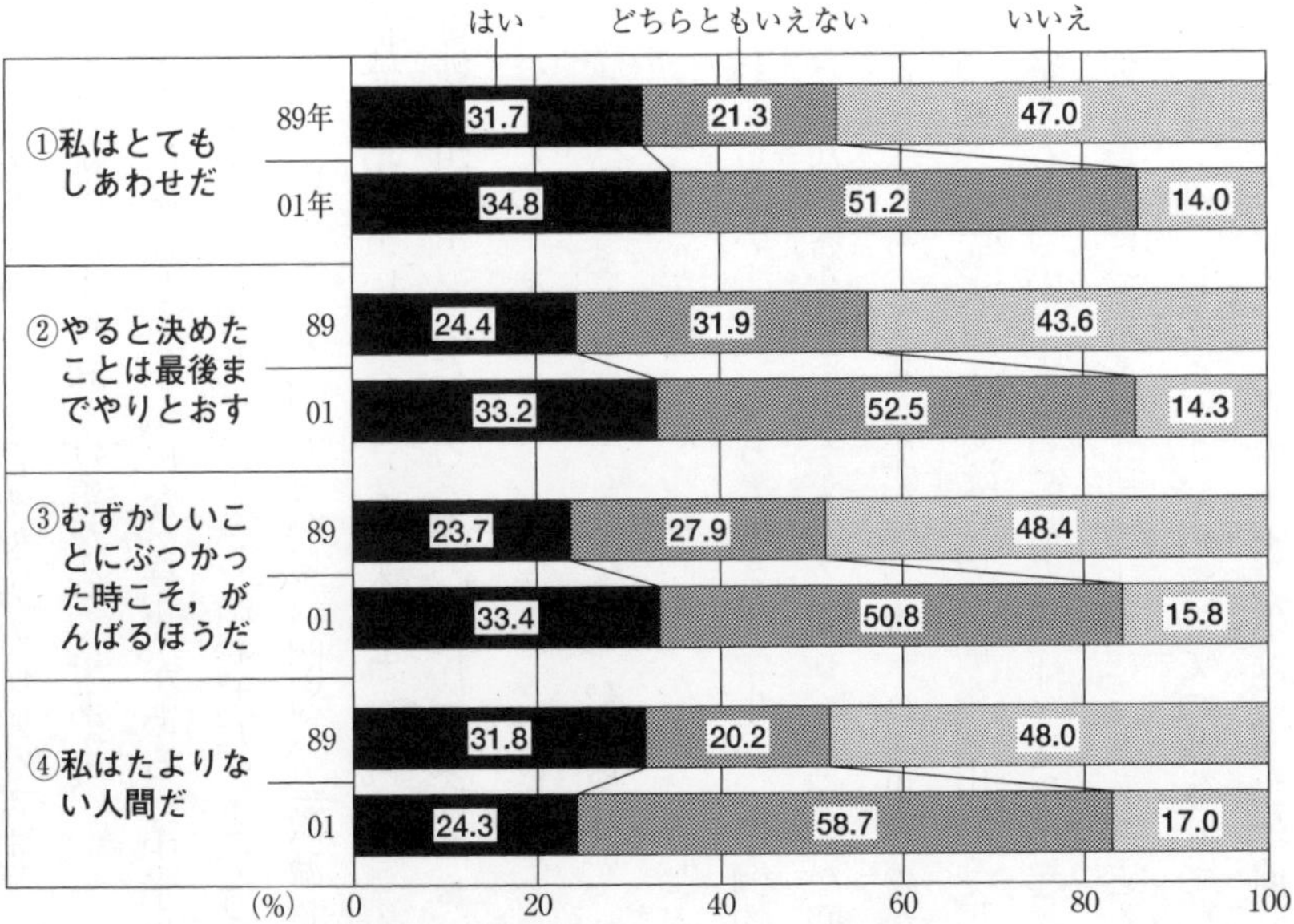

図Ⅱ-1　中学生の自己イメージの変化

離れが進行している様子である。「宿題をやらない」の二一・六ポイント増を筆頭に、いずれの項目も一〇ポイント以上「しない」が増加している。その結果、三分の一の生徒が家で「宿題」をすることなく、さらに六割が「復習」を、四分の三の生徒が「予習」をしない。

こうした子どもたちの学習上の変化は、それが唯一の原因とは確定できないものの、近年の教育改革の動向と無縁ではないだろう。「ゆとり」を重視し、子どもたちの「よさ」や個性を重視し、あるいは主体性を尊重しようという教育界の風潮が、子どもたちの生活に対する「しばり」をゆるめた。加えて、従来型の教科学習を通じて得られる知識は将来役に立たないものだとの見解が大手をふってマスコミをにぎわせた。成績以外の「子どものよさ」を強調するあまり、宿題を減らし学習や努力の価値を否定する言説が広まった時代と、「新しい学力観」が実施され続けた十年間とは重なるのである。

これに関連して、気になる結果がある。中学生の「自己イメージ」の変化である(図Ⅱ―1)。この図から、「①私はとてもしあわせだ」という項目に対して、「はい」と答えた者が数%増えており、「いいえ」が四七%から一四%へと激減している。これだけみると、中学生の主観的な幸福感は増していると見えるかもしれない。ところが、②から④の項目への回答を合わせみると、奇妙な傾向が浮かんでくる。いずれの項目においても、「どちらともいえない」の回答率が五割をこえるのである。

「自分がしあわせ」かどうかよくわからない、「最後までやりとおせる」かどうか何ともいえない、「むずかしい時にがんばれる」かどうか心もとない、「自分がたよりない人間」かどうかもよくわからない……。そう答える中学生が、圧倒的に増えている。いずれの項目においても、ネガティブな回答をする者が大きく減り、肯定的な回答をする者がわずかだが増えているのは、なるほど「子どものよさを生かす教育」の成果なのかもしれない。しかしながら、ここで問題にしたいのは、「どちらともいえない」層が突出して増えているという事実の方である。ここでは表は省略するが、小学生についても同様な変化が起きている。念のために付け加えれば、アンケートの他の質問については、このように「どちらともいえない」に回答が偏ることはない。この回答パターンは、自己イメージについてのみ生じているのである。

いずれにせよ、今日の小中学生は、十二年前に比べ、あいまいな自己イメージしかもっていないと推測できる。たしかに、受験教育からの脱却をめざした教育改革のもと、子どもたちがテストの点数に代表される業績原理だけで評価される度合いは確実に弱まった。高校入試から偏差値が追放され、推薦入試も広まった。さらには九〇年代以降の新たな教育理念のもと、教師や親たちが子どもたちに課す目標や要求は多元化し、結果として子どもたちにとってのハードルが低めに設定されるようになった。「子どものよさを生かす」教育、個性尊重の教育の推進は、子どもたちに劣等感を抱かせないようにと、自己イメージの改善を図ろうとしたのだろう。だが、その結果、現代の子どもたちは、自分自身を試したり鍛えたりするチャンスや体験を持ちにくくなったのかもしれない。

少なくとも学習面でみるかぎり、学校側が求める学習量の減少に伴い、子どもたちの学習離れが進んだ。勉強以外の面で自分を鍛える機会が拡大したのならよいが、それもないまま、学習面で要求されることも弱まれば、「子どものよさを生かす」教育は、自分に対し肯定も否定もできない、あいまいな自己イメージをふくらませるだけなのかもしれない。以前にもまして「自分らしさ」が強調される個性重視の教育のもとで、子どもたちに否定的な自己イメージをもたせまいとする「善意」の教育が進むと、自己イメージのあいまいな子どもが増えていく。なんとも皮肉な結果である。

3 学習意欲・学習行動・学力の階層格差

先に全体的な傾向としての学習離れの実態をみたが、以下に見るように、学習離れは、子どもが生まれ育つ家庭の文化的環境の影響を受けた現象として生じている。しかも、家庭環境による格差は、学習時間や家庭での復習といった学習行動面だけに見られる現象ではない。学習をめぐる意欲にまで影響を与えているのである。

こうした家庭の影響を見るために、私たちは、とくにその文化的な環境の違いに着目した。詳しい説明は省くが、「家の人はテレビでニュース番組を見る」「家の人が手作りのお菓子を作ってくれる」「小さいとき、家の人に絵本を読んでもらった」「家の人に博物館や美術館に連れていってもらったことがある」「家にはコンピュータがある」といった五つの質問項目への回答をもとに、小中学生のそれぞれに主成分分析という統計手法を用いて、家庭の文化的環境を示す一次元的尺度(文化的な環境の違いを数値化する一本の物差し)をつくった(親の職業や所得については、調査対象校の要望もあり残念ながら質問できなかった。だが、他の研究成果によればこれら家庭の文化的環境は、親の学歴や職業などの「社会階層」と相関する要因であることがわかっている)。この尺度を用いて、小中学生のそれぞれの調査対象者の数がほぼ三分の一ずつになるように、三つの「文化的階層グループ」を構成した(上位グループ、中位グループ、下位グループ)。なお、八九年調査にはこれらの調査項目が含まれていない。そのため、今回は、家庭環境の影響が強まったかどうかの変化については残念ながら直接分析することはできない。

表Ⅱ－3は、小中学生のそれぞれについて、家庭の文化的階層グループ別に、学習意欲、学習行動、学習の成果としての学力テストの結果を示したものである(以下〇一年のみの分析の場合、〇一年調査で新たに追加した調査対象校〈小学校三校、中学校一校〉を含めたデータによる)。

はじめに、学習意欲について検討しよう。いずれの項目をみても、家庭の文化的環境の差が大きく出ている。小学校五年生という早い時期から、家庭の階層格差があらわれているのであり、その結果、文化的階層が下位グループの子どもたちほど、学ぶ意欲が減退しているのである。中学生の結果について詳しく数字を見ると、上位グループの五五・二％が「嫌いな科目の勉強でも頑張ってやる」(「とてもあてはまる」＋「まああてはまる」の合計)と答えているのに対し、下位グループでは三四・〇％と二一ポイントもの差になっている。「家の人に言われなくても自分から進んで勉強する」でも一八ポイント近くの差がある。また、学校で受けたい授業タイプについてたずねると、「総合的な学習の時間」がめざす、「自分たちで調べる授業」や「自分たちの考えを発表したり意見を言いあう授業」に対しては、上位グループほどそれらを望んでおり(といってもそれぞれ五二・九％、四一・六％にとどまる)、下位グループ(三二・一％、二四・一％)との間に二〇ポイント前後の差が生じている。

次に、実際の学習行動について、家庭学習、読書、週あたりの勉強日数の面からみよう。ここでは特に、「しない」と答えた子どもたちの割合を表に示した。また、学習時間と読書時間については平均時間を算出した。

表を見てまず驚くのは、小学生よりも中学生の場合に、学習離れが顕著なことである。どの階層グループでも、小学生に比べ中学生になると家庭での学習時間が減り、宿題も予習も復習もしなくなる。しかも、小中学生ともに文化的階層グループ間の格差が大きい。学習意欲にとどまらず、実際の学習行動の面でも、家庭の文化的な環境による差が大きくあらわれているのである。

小学校段階から学習行動にこれだけの階層差があるという事実は、無視できるものではない。

それでは、授業中の態度や授業への取り組みについてはどうか。「先生が黒板に書いたことはしっかりノートにとる」という最も基本的な学習行動について、「とてもあてはまる」と答えた子どもに着目すると、小学生の場合、上位グループで四七・四%、下位グループでは三二・〇%と、すでに小学五年生で家庭環境による差が明らかとなる。中学生でも格差は明瞭である(七〇・六%対五二・一%)。

「授業でわからないことを後で先生に質問する」「テストで間違えた問題はしっかりとやり直す」という、学習への「主体的な」かかわりについても、階層グループ間の格差は大きい。「生きる力」の教育がめざす、子どもたち自身が「自らすすんで」行う学習においても、小学校段階から家庭環境の影響があらわれるのである。

校	中学校		
下位	上位	中位	下位
82.2	71.7	67.2	55.9
14.2	19.3	15.0	8.0
54.0	55.2	45.7	34.0
41.5	42.9	32.1	24.5
67.7	83.5	79.3	71.0
35.6	47.6	39.4	31.1
32.6	52.9	45.3	32.1
38.0	41.6	29.1	24.1
33.2	35.3	25.1	15.8
50.4	23.9	27.2	35.7
69.7	77.1	62.3	57.0
64.7	81.4	77.5	63.8
19.9	31.4	42.9	57.5
59.9	43.1	60.7	67.9
58.2	36.7	28.6	18.4
27.0	26.9	38.6	56.8
35.3分	38.9分	27.3分	20.7分
19.9分	36.8分	24.5分	19.2分
3.9	21.0	31.6	41.7
59.3	46.7	57.8	70.0
68.5	64.8	69.8	81.1
32.0	70.6	63.6	52.1
48.7	23.4	28.9	35.4
80.7	94.0	92.5	87.5
8.3	14.1	9.9	6.6
19.9	26.6	21.4	20.8
28.2	40.7	31.3	27.4
27.9	13.9	8.7	5.4
34.7	31.1	26.1	18.6
62.6	45.0	34.8	24.0
132点	140点	134点	117点
67点	69点	65点	55点
65点	71点	69点	62点

表Ⅱ-3 学習意欲・学習行動・学力(文化的階層グループ別)

			小学	
			上位	中位
学習意欲	家庭での勉強の仕方	出された宿題はきちんとやる	93.2	90.5
		授業で習ったことについて自分で詳しく調べる	30.6	21.4
		嫌いな科目の勉強でも頑張ってやる	74.1	69.4
		家の人に言われなくても自分から進んで勉強する	60.3	53.1
	受けたい授業	教科書や黒板を使って先生が教えてくれる授業	83.2	76.9
		ドリルや小テストをする授業	57.9	48.1
		自分たちで調べる授業	57.6	43.0
		自分たちの考えを発表したり意見を言いあう授業	59.1	43.9
	成績観	勉強はおもしろい	55.9	39.8
		成績が下がっても気にならない	41.2	44.5
		勉強は将来役に立つ	86.2	78.3
		人よりいい成績をとりたいと思う	69.4	65.6
学習行動	家庭学習	「しない」	11.8	16.9
	読書(漫画・雑誌を除く)	「しない」	31.2	44.2
	勉強日数(週あたり)	「ほぼ毎日」+「週4,5日」する	65.3	65.0
		「ほとんどしない」	11.5	16.6
	家庭での学習時間(平均時間)		51.2 分	38.8 分
	読書時間(平均時間)		40.2 分	25.8 分
	学校の宿題(家庭での勉強内容)	「しない」	0.9	1.5
	学校の復習(家庭での勉強内容)	「しない」	36.2	45.1
	学校の予習(家庭での勉強内容)	「しない」	51.2	59.1
	「先生が黒板に書いたことはしっかりノートにとる」(授業中の態度)	「とても」	47.4	42.4
		「まあ」	43.8	46.0
		「とても」+「まあ」の合計	91.2	88.4
	「授業でわからないことを後で先生に質問する」(授業への取り組み)	「とても」	13.5	8.3
		「まあ」	28.5	26.4
		「とても」+「まあ」の合計	42.0	34.7
	「テストで間違えた問題はしっかりとやり直す」(授業への取り組み)	「とても」	38.5	30.6
		「まあ」	35.0	35.6
		「とても」+「まあ」の合計	73.5	66.2
学習の成果	学力テスト(2教科合計得点の平均点)		147 点	145 点
	算数・数学のテスト(平均点)		75 点	74 点
	国語のテスト(平均点)		72 点	71 点

「学習意欲」の数値は「とても」または「まあ」と答えた者の割合. 平均時間と平均点以外の単位は%.

表の最後に、今回の算数・数学と国語のテスト結果を示した。上位グループと下位グループとの差は、小学生の国語では七点、算数で八点である。それが中学生になると、国語で九点差、数学では一四点差と、いずれの教科でも階層間の差が拡大する。

本書第I部で、通塾経験による学力格差の実態を明らかにした。塾に行っていない子どもの学力の低下がいちじるしいこと、その結果、中学校数学では通塾経験の有無による学力格差の拡大が進んでいることが明らかとなったのである。ところで、塾に通えるかどうかは、当然ながら家庭の経済状態や親の教育関心によるところが大きい。中学生の場合、上位グループでは五六・四%が塾に通っているのに対し、下位グループでは三九・三%にとどまる(中位は五三・二%)。小学校段階でも階層差がある(上位=三九・七、中位=三三・八、下位=二四・〇%)。過去十二年間で通塾率の格差が縮まっていないとすれば(中学生の場合、八九年と〇一年とで通塾率は減少傾向にあったことから、その可能性は高い)、第I部で見た塾に行っているものといないものとの間の学力格差の拡大は、階層的な格差の拡大を伴いながら進んでいたものであると推測できる。つまり、塾に行けない子どもたちに見られたいちじるしい学力の低下は、階層的に不利な環境に育った子どもたちの学力低下と重なり合って生じていると考えられるのである。

4　新学力観と階層、学力

以上の分析から、新しい学力観に主導された教育の十年間で、学力の階層差が拡大している可能性が示唆された。なるほど、「旧学力が落ちても、新学力がつけばよい」といった言い分もあるだろう。多少「知識・技能」を中心とした詰め込み型の学力が落ちても、「自ら学び考える」「自ら課題をみつけ解決する」〈生きる力〉が、体験学習などを通じて身につけばよいという主張である。

しかしながら、そもそも新旧二つの学力は互いに無関係の、別々のものなのか。それとも相互に補う関係にあるのか。今回の調査では、「調べ学習」や「グループ学習」に積極的に取り組んでいるかといった、新しいタイプの授業への取り組みについてもたずねている。「関心・意欲・態度」までを学力に含めて考える新学力観からすれば、こうした授業への取り組み自体が、「新学力」をあらわすことになる。

それでは、新旧学力の間にはどのような関係があるのだろうか。ここでは、今回の学力テストの結果(国語と算数・数学の合計点)をもとに子どもたちを得点順に並べ、各グループに含まれる人数がほぼ等しくなるように四つのグループに分けた(それぞれを上位、中の上位、中の下位、下位と呼ぶ)。そして、このグループごとに、新学力観的な学習への取り組みを調べた。

このような手続きに基づき、今回の「学力調査」でとらえた〝旧〟学力と、「新学力」との関係を示したのが**表Ⅱ—4**である。中学生についてみると、「調べ学習の時は積極的に活動する」のは学力上位グループで五一・〇%に対して学力下位グループでは二六・一%と約半分にすぎない。「グループ学習の時はまとめ役になることが多い」についても、上位＝三七・五%、下位＝一七・七%と二倍以上の差がある。小学生の場合も、それぞれ二〇ポイント以上の差が出ている。つまり、かなり基礎的な内容である(旧)学力テストの得点と、調べ学習やグループ学習への取り組み

（単位：％）

	小学校				中学校			
	上位	中の上位	中の下位	下位	上位	中の上位	中の下位	下位
	58.1	56.3	50.8	36.2	51.0	38.8	32.6	26.1
	45.2	32.7	35.7	21.5	37.5	25.9	21.8	17.7
	45.2	51.3	42.9	37.7	49.9	42.8	42.5	36.5
	15.9	14.4	24.1	30.0	15.9	22.2	25.6	32.3
	50.4	56.7	42.9	36.9	38.6	26.9	28.3	31.9
	17.8	13.3	21.4	31.2	24.8	32.5	34.9	34.2

（意欲・態度面での「新学力」）との間には、明確で強い関係が存在するのである。学力上位グループの子どもたちにとっても、必ずしも新学力観的な活動への関わりが強いとはいえないものの、基礎的な教科の内容についての理解が不十分な子どもたちにとってはなおさらのこと、より発展的な学習ともいえる「調べ学習」や「グループ学習」への関わりは、かなり弱いものとなっている。

さらに、こうした調べ学習や発表する授業などを生徒が望んでいるかどうかと、今回のテスト得点との関係を見ると、そこにも明瞭な関連が見いだせる。表Ⅱ－4には「受けたい授業」について学力四段階別に分析した結果のうち、新学力観的な授業についての数値を示した。中学生について見てみると、「自分たちで調べる授業」を「とても＋まあ」受けたいと希望する生徒は、学力上位グループで四九・九％に対して学力下位グループで三六・五％と約一三ポイントの差がある。小学生についても、上位と下位の差が中学生ほどではないにしても、統計的に有意な差となっている。表中の「全く受けたくない」と回答した児童・生徒

表Ⅱ-4　新学力観的な授業への取り組みと受けたい授業(学力4段階別)

授業への取り組み		
	調べ学習の時は積極的に活動する	「とてもあてはまる」＋「まああてはまる」
	グループ学習の時はまとめ役になることが多い	「とてもあてはまる」＋「まああてはまる」
受けたい授業	自分たちで調べる授業	「とても受けたい」＋「まあ受けたい」
		全く受けたくない
	自分たちの考えを発表したり，意見を言いあう授業	「とても受けたい」＋「まあ受けたい」
		全く受けたくない

の数値に着目すると、基礎学力の低い生徒ほど、そうした授業を希望していないことが明らかとなる。「自分たちの考えを発表したり、意見を言いあう授業」についての中学生の回答結果が、学力上位と下位で九ポイントの差である点を除けば、新学力観的な授業を「全く受けたくない」と回答する児童・生徒は、小中学校を通じ学力上位と下位で、一三～一六ポイントもの差となっている。

しかも、新学力には家庭の文化的階層の影響もあらわれる。**表Ⅱ－5**によれば、中学生の場合、「調べ学習の時は積極的に活動する」は、上位の階層グループで五一・〇％なのに対して、下位では二四・八％にとどまる。「グループ学習の時はまとめ役になることが多い」についても、上位＝三五・六％、下位＝一六・七％と二倍以上の差が生じている。そして、小学校段階においても同様に大きな格差が確認できる。文化的階層下位グループの子どもたちにとって、新学力観的な学習活動に積極的に関わるものはごく少数にとどまるのである。今回の調査と別の地域（四地点）で行った学校現場へのヒアリング調査によれば、調べ学習の時に

表Ⅱ-5　新学力観的な授業への取り組み(文化的階層グループ別)(%)

	小学校			中学校		
	上位	中位	下位	上位	中位	下位
調べ学習の時は積極的に活動する	64.1	49.0	40.1	51.0	36.6	24.8
グループ学習の時はまとめ役になることが多い	46.5	32.0	24.0	35.6	26.3	16.7

数値はいずれも「とても」または「まあ」と答えた者の割合.

一体何をしていいのかわからないまま過ごしてしまう子どもがいるという。グループ学習では、一人ぐらい参加していなくてもほかの子どもが活動することで、関わらない子どもがいることに教師が気づかないまま、それなりに作業が進んでいくこともあるという。体験を通じて意欲が高まり、自ら学ぶ力も伸びていくはずだとされているのだが、意欲が高まる手前で、体験的な学習に積極的に関わろうとしない子どもがでてきてしまうのである。しかも、そうした子どもたちは、知識や理解の点で基礎的な学力を十分身につけていない子どもであり、生まれ育つ家庭環境の面でハンディを負った子どもである。〝旧〟学力同様に、体験的な学習への積極的な関わりに象徴される〝新〟学力においても、家庭環境の影響が生じているのだ。

意欲や興味・関心は、どの子も同じように持っているわけではない。同じように引き出すことができるわけでもない。基礎学力がきちんと身についていない子どもたちに、基礎・基本を学ぶ時間を削ってまで新学力観的な授業を増やしていけば、家庭の文化的環境による格差が、新旧いずれの学力においても拡大していくだろう。

以上の分析が示すのは、他の国々でも繰り返し指摘されてきた、

「子ども中心主義」教育と階層格差拡大の問題が、日本においてもあてはまることを示している。「体験」を中心にした学習をやれば、家庭環境の違いによらず、どの子どもの興味・関心、学習意欲を高めることができる、といった「子ども中心主義」教育の神話が、かえって、あいまいで「目に見えない」教授法を広めることで、階層差を広げていく。イギリスやアメリカの研究で指摘されてきた点が日本でも確認できるのである。

5　小学校の授業経験と中学校時の学力

それでは、「新しい学力観」のもとでの学習経験は、その後の学習にどのような影響を与えているのか。つぎに、中学生の学力調査の結果を、小学校時代の授業経験の違いとの関係からみる。それによって、小学校で拡大・普及した「新学力観」型教育の影響について検証が可能になる。

今回の調査では、中学生を対象に、小学校時にどのような授業を受けたかを聞いている。その内容は、

①教科書や黒板を使って先生が教えてくれる授業
②ドリルや小テストをする授業
③宿題がでる授業
④自分たちで調べる授業
⑤自分たちの考えを発表したり、意見を言いあう授業
⑥けじめがあって、集中できる授業

⑦何を勉強するか選べる授業
⑧教室の外で見学したり、体験したりできる授業

の八つである。八項目のそれぞれについて、「とても受けた」「まあ受けた」「あまり受けていない」「まったく受けていない」の四つの選択肢から一つを選んでもらった。

これらの授業のうち、①②③はいわゆる「伝統的」な授業といえる。それに対し、④⑤⑦⑧は「新学力観的」な授業といえよう。今回の調査では、あくまでも生徒側の印象にもとづいて、小学校時代の授業の特徴を回顧してもらった(なお、調査の結果いずれにも分けがたい⑥は、この分類から除外した)。ここでは、これらの質問への回答で、「とても」に四点、「まあ」に三点、「あまり」に二点、「まったく受けていない」に一点を与え、①②③を「伝統的」授業、④⑤⑦⑧を「新学力観的」授業として、それぞれ得点を合計して平均を出した。それをもとに、「伝統的」「新学力観的」それぞれの授業について、三・五以上を「とても受けた」、三・五未満〜二・五以上を「まあ受けた」、二・五未満を「あまり受けていない」という三つのグループに分類し直した。

これら小学校時代の授業経験の違いをもとに、中学二年時点における学力テストの結果を示したのが図Ⅱ—2—1、図Ⅱ—2—2である。グラフから明らかなように、「伝統的」授業を「あまり受けなかった」生徒は、「まあ受けた」「とても受けた」生徒に比べ、国語でも数学でも得点が低い。他方、「新学力観的」授業の場合、差は「伝統的」授業ほどではないものの、「とても受けた」生徒の得点は、「まあ受けた」「あまり受けていない」生徒に比べ低くなる。新学力観的な授業ばかりで、知識の理解や定着をおろそかにした授業にさらされすぎると、中学生になってから

基礎的な学力の点で問題を抱える可能性が示されたのである。

もちろん、学力に影響を及ぼしているのは、こうした小学校時代の授業のあり方だけにとどまらないだろう。もしかすると、塾に行っている子どもの多い学校ほど、あるいは、家庭の文化的階層の高い子どもの多い学校ほど、ある特定の授業を行っている可能性があると考えられるからである。

そこでそうした他の要因の影響を統計的に一定にした場合の授業のタイプの影響力を取り出すために、重回帰分析という統計手法を用いた分析を行った。ここでは、性別(男子であることの影響を見るダミー変数)、家庭の文化的階層(上位グループであるか、中位グループであるかと下位グループとの差を見る二つのダミー変数)や父親が大卒であるか否か、家庭学習の習慣(週あたり家庭で学習する日数)、通塾日数、学習意欲(「家の人から言われなくても自分から進んで勉強す

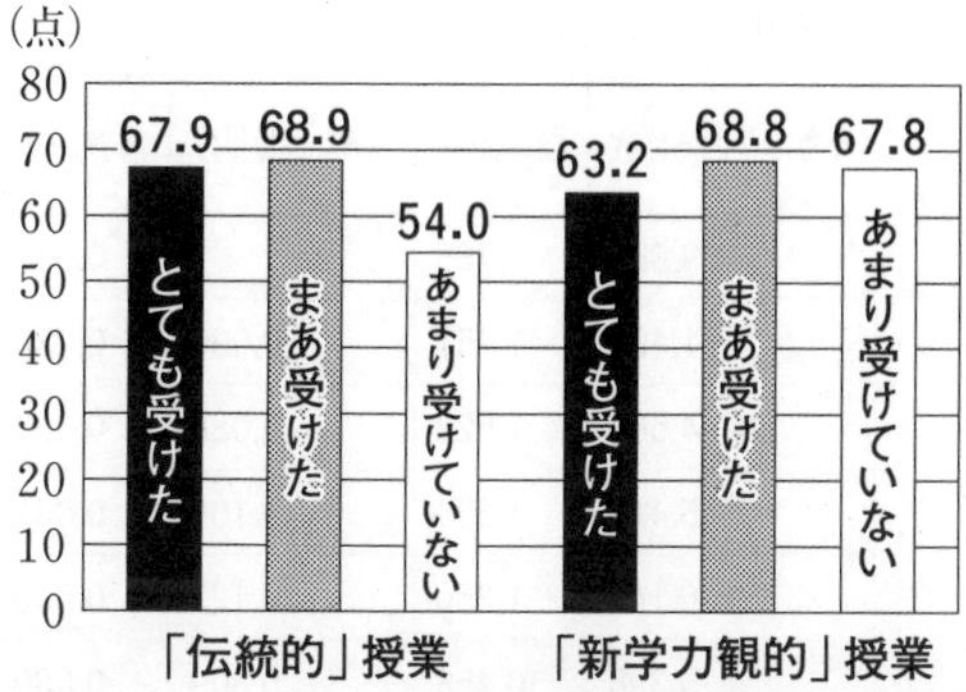

図Ⅱ-2-1　小学校の授業経験別の国語の平均得点

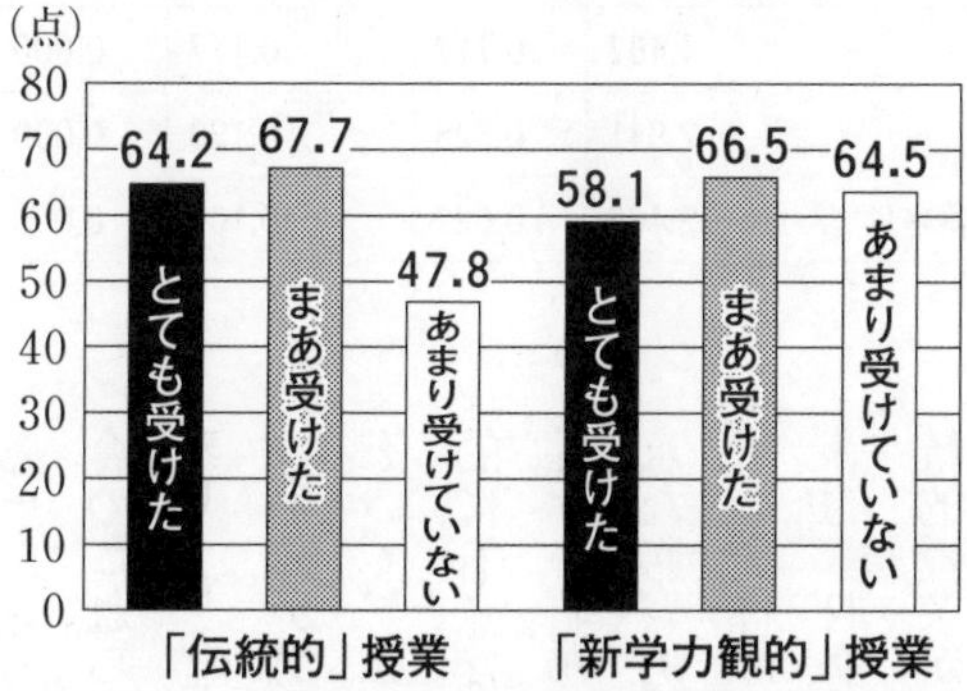

図Ⅱ-2-2　小学校の授業経験別の数学の平均得点

表Ⅱ-6　重回帰分析による中学生の数学正答率の規定要因

	非標準化回帰係数	標準誤差	標準化回帰係数	有意確率
定数	39.889	1.766		0.000
男子	−1.483	1.251	−0.030	0.236
文化的階層・中位グループ	4.568	1.528	0.088	0.003
文化的階層・上位グループ	5.446	1.594	0.105	0.001
父親・大卒	6.147	1.350	0.122	0.000
週あたり通塾日数	5.398	0.458	0.309	0.000
週あたり学校外で学習する日数	1.217	0.330	0.104	0.000
学習意欲	4.487	0.717	0.177	0.000
小学校での「伝統的授業」の多さ	2.941	0.625	0.120	0.000
小学校での「新学力観的授業」の多さ	−2.462	0.627	−0.101	0.000

る」かどうか)、などの影響を一定にした場合のこれら授業タイプの影響をみた。結果は表Ⅱ－6の通りである。

生徒が男子であるかどうかという要因をのぞいて、いずれの要因も数学の正答率に統計的に有意な影響を及ぼしている(表中、有意確率の値が〇・〇五以下の場合、統計的に有意な影響力があるといえる)。これまでの分析を裏付けるように、ほかの要因の影響を統計的に取り除いた場合にも、小学校時代に伝統的授業が多いことはプラスに、新学力観型の授業が多かったことはマイナスに影響している。表は省略するが、国語についても、大筋同様の結果が得られる。つまり、生徒たちの印象に残った小学校時代の授業経験の違いによって、中学校での数学や国語の基礎学力に、これらほかの要因には還元できない差が生じることがわかったのである(なお、文化的階層や、父親が大卒であることが、その他の要因とは独立した影響を及ぼしている点についても、この分析によって確認できた)。

前回の学習指導要領の改訂で目玉とされた新学力観は、子どもたちの興味・関心・意欲を高めて、より積極的に学習していく子どもたちを育てることをめざしてきた。しかし、結果としては、そうした授業の影響を大きく受けた子どもほど、中学での国語や数学での基礎学力が低くなるのである。それも、八九年時点では平均点が七〇点を超えるような基本的内容を出題したテストにおいてである。

それでは、子どもたちが今まさに通っている中学校での授業は、どのように影響しているのか。今回の調査では、中学校の授業についても、国語と数学のそれぞれについて、

①教科書や黒板を使って先生が教えてくれる授業
②ドリルや小テストをする授業
③宿題がでる授業
④自分で考えたり、調べたりする授業
⑤自分たちの考えを発表したり、意見を言い合う授業、

という五つのタイプについて、それぞれの授業がどのくらいあるのかを尋ねた。

ここで、①②は、いわゆる「伝統的」な授業を、④⑤は「新学力観的」な授業を示している(なお、この分類では③宿題がでる授業の項目を除外した。「伝統的」であっても、「新学力観的」であっても、中学校では宿題は出される傾向にあり、宿題の中身までを問う設問にはなっていな

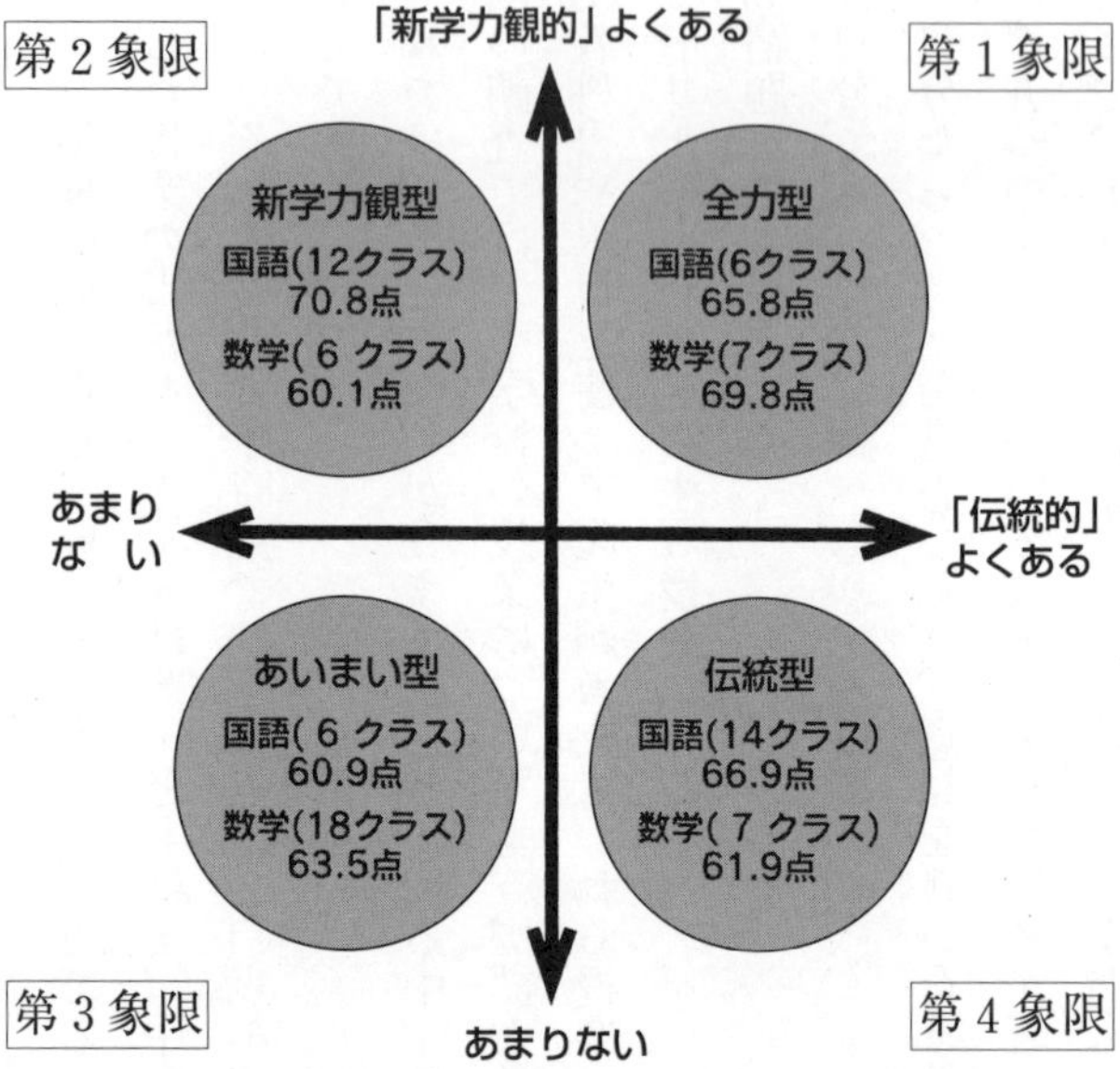

図Ⅱ-3　授業タイプによるクラスの類型化

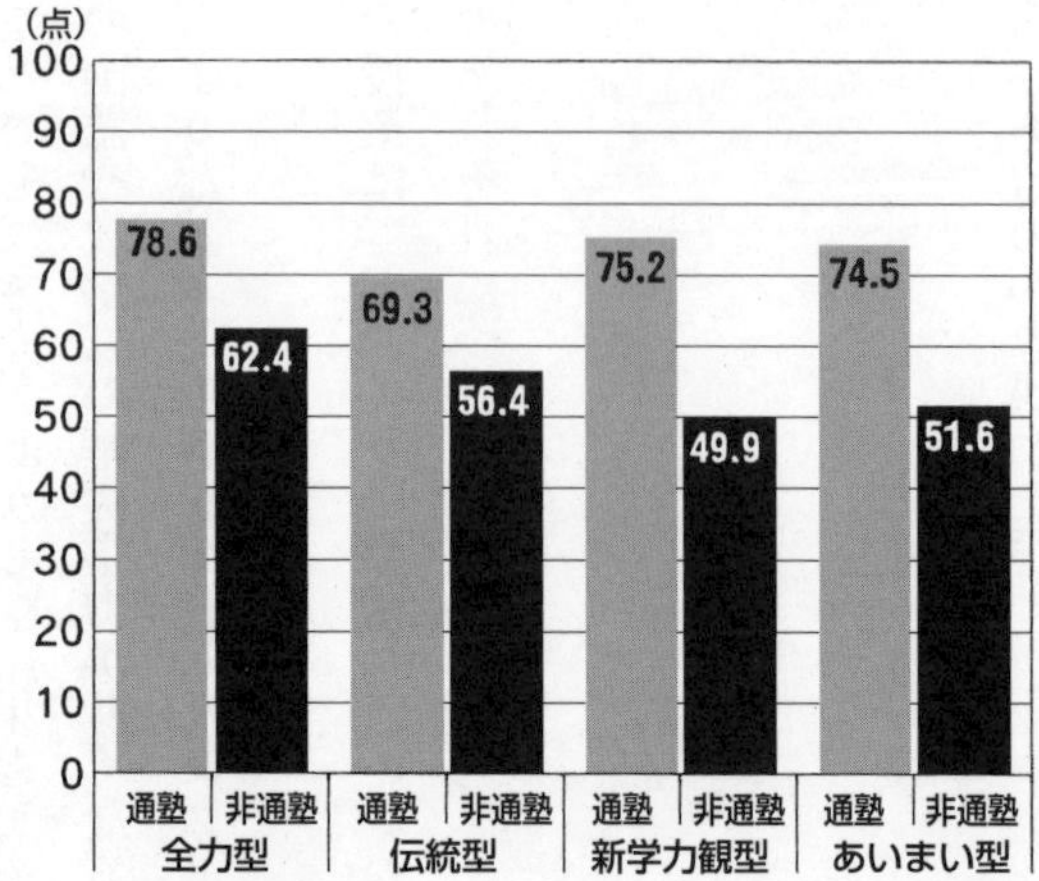

図Ⅱ-4　数学の授業タイプ別の通塾・非通塾の平均得点

いためである)。

これら授業のタイプへの回答をもとに、調査対象となった三八のクラスの類型化を試みた結果が図Ⅱ—3である。類型化にあたっては、「よくある」を四点、「ときどきある」を三点、「あまりない」を二点、「ほとんどない」を一点として、「伝統的」を横軸、「新学力観的」を縦軸とし、それぞれの全体の平均点を原点とした四象限をつくった。その結果、第一象限から順に「全力型」「新学力観型」「あいまい型」「伝統型」の四タイプを取り出した。

図からクラスの分布を見ると、国語では、「伝統型」が多いものの、「新学力観型」の授業もそれに匹敵するぐらい行われていると生徒は見ている。一方、数学は「あいまい型」が約半数にのぼり、生徒たちは、特に何かの型をもった授業であるとは見ていないようである。

これら四つの授業タイプごとに、それぞれの教科のテストの平均点をみると、国語では、「新学力観型」が七〇・八点と最も高く、続いて「伝統型」六六・九点、「全力型」六五・八点、「あいまい型」六〇・九点となる。それに対し、数学では、「全力型」が六九・八点と最も高く、続いて「あいまい型」六三・五点、「伝統型」六一・九点、「新学力観型」六〇・一点となる。国語における「新学力観型」の得点の高さ、「あいまい型」の低さ、数学における「全力型」の得点の高さに特徴がある。

とはいえ、生徒たちの学力は学校の授業だけで維持されているわけではない。とくに中学校の数学は通塾の影響が非常に大きく、通塾しているものとそうでないもので得点に二〇点もの差があることを第Ⅰ部で指摘した(一八頁)。それでは、塾に行っていない生徒の場合、授業タイプによって得点が異なるのか。授業のタイプと通塾の有無別に数学の得点を示したのが図Ⅱ－4である。ここから興味深い結果が浮かび上がる。

「伝統型」や「全力型」の授業では、通塾と非通塾の差は一〇点台に抑えられている。新学力観的な授業だけでなく、教師がしっかり教え、授業内容の理解や定着を心がけている「全力型」の場合も得点差が小さい。ところが、知識の定着を怠り「新学力観型」ばかりが優勢になる授業や、教師はそのつもりではなくても生徒から見ればいずれの特徴も持たない中途半端な「あいまい型」の授業では、通塾者と非通塾者との得点差が二三～二六点と大きく広がるのである。塾に行かず(行けず)に学校の授業だけに頼る生徒にとって、「新学力観型」が優勢な授業や「あいまい型」の授業は数学の基礎的な学力形成を損ねる可能性をもつ。裏返せば、「新学力観型」の授業で学力に問題がないように見えても、実際には塾に行くことで学力が維持されている場合もあるということだ。これらの結果は、塾の影響を取り除いて考えた場合、学校での授業次第で、生徒たちの学力に変化が生じる可能性を示唆している。

そうだとすれば、学校のやり方次第で、学力差をある程度おさえることも可能かもしれない。家庭の環境のみで子どもの学力が決定されるわけではない、ということである。学校の取り組みによって、階層の影響を拡大したり抑制したりすることもあり得る。授業タイプの分析から浮かび上がるのは、そうした面での学校の潜在力と可能性である。

6　「効果のある学校」とは

欧米では、「効果のある学校」(effective schools)という研究分野がある。これは、「学校が作り出す成果」に着目しようという研究の潮流である。人種や階層による学力格差を克服しうる学校の力が「学校効果」と呼ばれ、これまでにさまざまな要因が、学校効果を生みだすものとして指摘されてきた。民主的な教室の雰囲気、強力な校長のリーダーシップ、学校と地域社会との風通しのよい関係、授業研究に熱心な教師集団の存在、等々。そうした特質をもつ学校では、たとえ階層的にきびしい状況にある家庭が学区内に多数存在しても、一定の教育成果を上げることに成功しているという。今回の分析の最後に検討してみたいのは、私たちの調査対象校のなかに、そうした「効果のある学校」、言葉をかえれば「がんばっている学校」が存在していないかどうかである。

図Ⅱ―5は、中学校数学について、「六〇点をとること」を目標値として設定し、各学校ごとに、文化的階層別の「通過率」を図示したものである。例えば、No.1校の場合、「上位」層の九三%、「中位」層の八〇%、「下位」層の五〇%が、六〇点以上をとったことを、この図はあらわしている。学校ごとのたて線が高い位置にあるほど、その学校の数学の学力は高く、また、線が短ければ短いほど、階層間の学力格差が小さいといえる。「効果のある学校」とは、線の位置が相対的に高いところにあり、なおかつその線が比較的短い学校のことである。図Ⅱ―5をみると、No.7校・No.11校などが、「効果のある学校」の候補として指摘できる。

こうした目で各種のデータをながめたとき、最終的に浮かび上がってきたのがA小とX中(図Ⅱ―5のNo.7校)の存在である。比較対照群となるほかの学校とともに、これらの学校の特徴を示

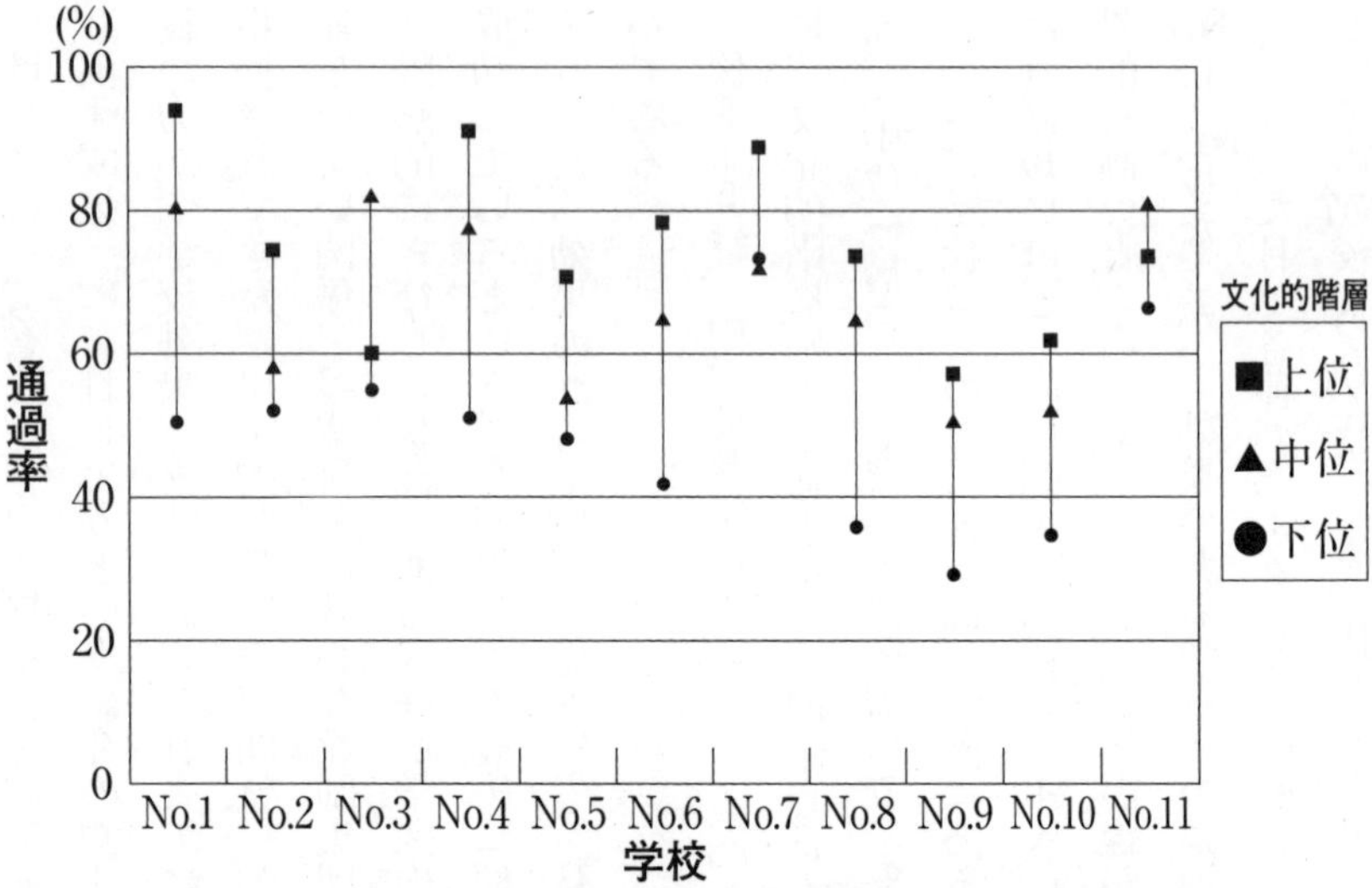

図Ⅱ-5　学校ごとの中学校数学60点通過率(文化的階層別)

表Ⅱ-7　各校のプロフィル

	文化的階層(%)	父親大卒(%)	通塾(%)	国語点数(点)	算数・数学点数(点)	対象者数(人)
A小	38.0(5)	25.0(7)	14.5(11)	81.2(1)	80.9(1)	76
B小	32.9(9)	24.1(9)	13.9(12)	69.6(9)	73.4(4)	80
C小	54.5(1)	48.6(1)	47.2 (1)	76.1(3)	67.0(8)	72
X中	34.7(5)	31.6(6)	39.1 (8)	73.3(1)	70.9(2)	178
Y中	33.3(6)	41.5(4)	65.6 (1)	66.7(7)	68.4(5)	190
Z中	44.5(1)	58.1(1)	61.8 (3)	72.0(2)	68.5(4)	125

家庭の文化的階層の数値は,「上位層」の比率. カッコ内は順位(小学校15校, 中学校11校中)

したのが表Ⅱ―7「各校のプロフィル」である。ここでは、「家庭の文化的階層(上位グループの割合)」「父親の学歴(大卒の割合)」「通塾(塾に通っている割合)」の三つを比べた。私たちが着目するA小とX中は、これらの指標からみて、全体のなかでおおむね中ほどにある学校である。つまり、生徒たちの家庭の文化的階層や通塾率の点では中位にあるのだが、両校の国語、算数・数学の学力テストの結果は、最上位レベルに位置している「成功例」である。

そうした両校を、ここでは「がんばっている学校」と名づける。他方、表に掲げた残りの学校のうち、B小とY中は、階層的にも学力的にもおおむね中位に位置する「ふつうの学校」、C小とZ中とは、学力テストのスコアは「がんばっている学校」よりやや低いが、家庭の文化的階層の点ではより恵まれた家庭の多い学校である(「恵まれている学校」)。

それぞれの学校における子どもたちの回答の特徴を整理したのが、表Ⅱ―8である。表の上段〈授業のタイプ〉で目につくのは、「がんばっている学校」において、「宿題がでる授業」が多いことである(ただし、小学校国語をのぞく)。特に、下線を付した算数・数学の中学校の欄は注目に値する。残りの二タイプの学校ではほとんど宿題が出されていないのに対して、「がんばっている学校」(X中)では、何と八割以上の生徒が「宿題が出る授業がよくある」と回答している。それを含め、概して「がんばっている学校」の生徒たちは、さまざまなタイプの授業が「よくある」という回答をより多く示す傾向にある。先ほどの授業タイプの用語を使えば、「全力型」の授業が積極的に推進されているのである。

その効果を示したのが、下段〈家での勉強〉の数値である。「がんばっている学校」では、家で

表Ⅱ-8 「授業のタイプ」と「家での勉強」(学校別)

〈授業のタイプ〉		A小	B小	C小	X中	Y中	Z中
算数・数学	1.教科書や黒板を使って先生が教えてくれる授業	94.7	85.0	84.7	93.3	68.9	88.0
	2.ドリルや小テストをする授業	19.7	17.5	27.8	14.0	3.2	4.8
	3.宿題が出る授業	43.4	20.0	31.9	82.6	2.6	6.4
	4.自分で考えたり，調べたりする授業	19.7	6.3	13.9	20.8	10.5	8.8
	5.自分たちの考えを発表したり，意見を言いあう授業	60.5	30.0	40.3	24.2	3.7	2.4
国語	1.教科書や黒板を使って先生が教えてくれる授業	82.5	75.4	67.0	94.4	88.4	52.8
	2.ドリルや小テストをする授業	15.8	31.1	5.6	6.2	8.9	12.0
	3.宿題が出る授業	28.9	31.7	37.5	34.8	5.3	0.8
	4.自分で考えたり，調べたりする授業	19.7	21.3	23.6	43.3	34.7	59.2
	5.自分たちの考えを発表したり，意見を言いあう授業	72.4	42.5	52.8	42.1	22.6	64.8

「よくある」と答えた者の割合(%).

〈家での勉強〉	A小	B小	C小	X中	Y中	Z中
1.家で週のうち，何日ぐらい勉強するか	88.2	51.3	66.7	46.0	32.1	23.2
2.家の人に言われなくても，自分から進んで勉強する	36.8	23.6	16.7	14.6	10.0	2.4
3.きらいな科目でも，がんばってやる	38.2	17.5	25.0	13.5	12.6	10.4

1の数値は，「ほとんど毎日」「週4，5日」と答えた者の割合.
2と3の数値は「とてもあてはまる」と答えた者の割合．いずれも単位は%.

「週四日以上勉強する」と答えた者の割合が圧倒的に高く、また「家の人に言われなくても、自分から進んで勉強する」等の回答率も相対的に大きい。また、表には示していないが、A小では、一日の家庭学習の時間が一〜二時間と答える者が九割近くに達し、「毎日勉強する」と答える割合は七二%と、対象者全体の平均四六%を大きく上回る。要するに、授業改善に熱心な「がんばっている学校」に通う子どもたちは、家庭での学習習慣を含め、着実に「自ら学ぶ力」を身につけているのである。

次の**図Ⅱ—6・図Ⅱ—7**は、両校の算数・数学の得点分布を、全体の分布と比べたものである。驚くべきは、図Ⅱ—6のグラフに示されたA小の得点分布である。八〇点台のところの山がずぬけて高くなっている一方で、一〇点台以下の者は七六人中一人もいない。要するにA小では、圧倒的なレベルでの基礎学力の下支えが実現している。図Ⅱ—7のX中の数学の得点分布でも、学力の下支えが行われていることは一目瞭然である。

図Ⅱ—8は、「塾に通っていない者」だけを取り出し、X中の値を、全体およびY中のものと比べたものである。全体と「ふつうの学校」であるY中のカーブが、第Ⅰ部で指摘した「ふたコブらくだ」の様相を呈しているのに対して、X中のそれは六〇点台をピークにしたきれいな山型を描く。たとえ塾に通っていなくても、X中に通い、そこでの授業に積極的に取り組んでいれば、かなりの学力が維持されることを、このグラフは雄弁に物語っている。全体のカーブとY中のカーブの形が似ているように、多くの学校はX中とは異なる。X中は少数派にすぎないことは確かなのだが、それでも学校の「がんばり」によって、ここまでできるのである。

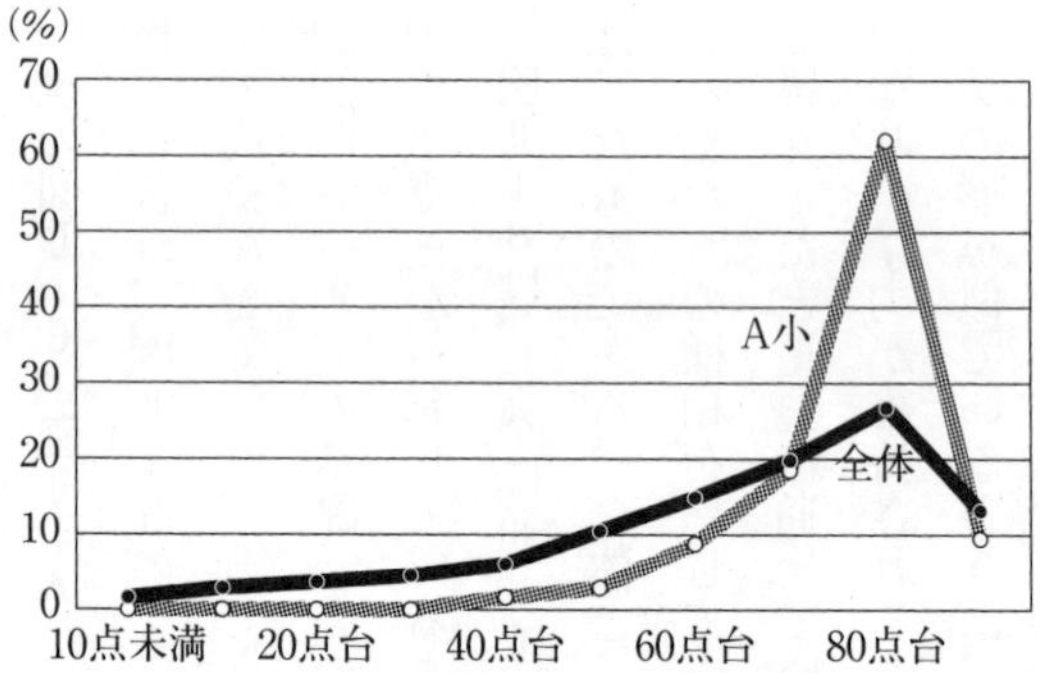

図Ⅱ-6　小学・算数の得点分布(全体とA小)

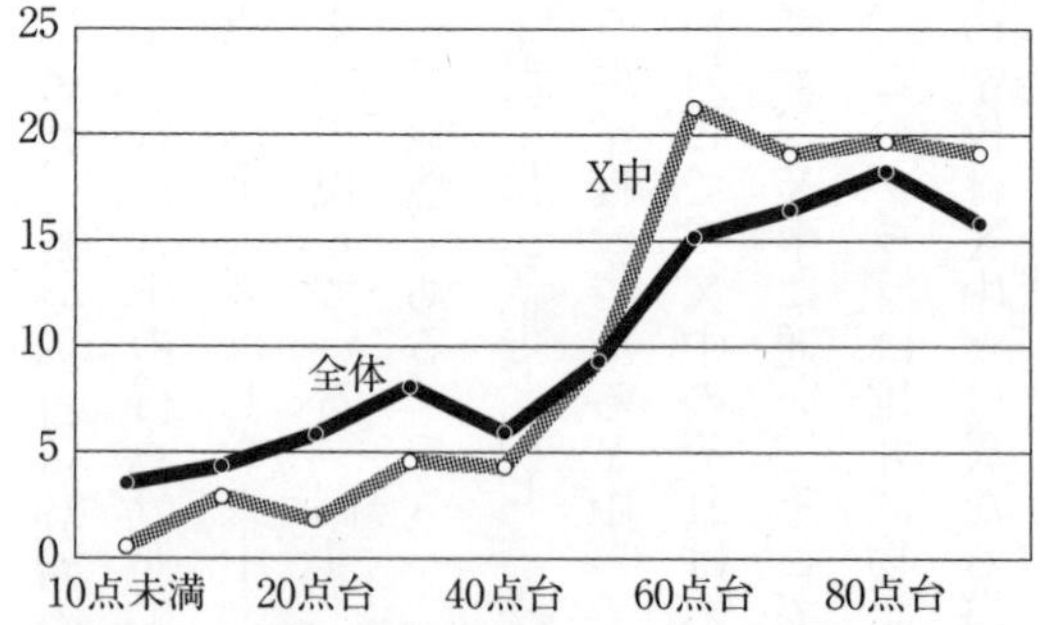

図Ⅱ-7　中学・数学の得点分布(全体とX中)

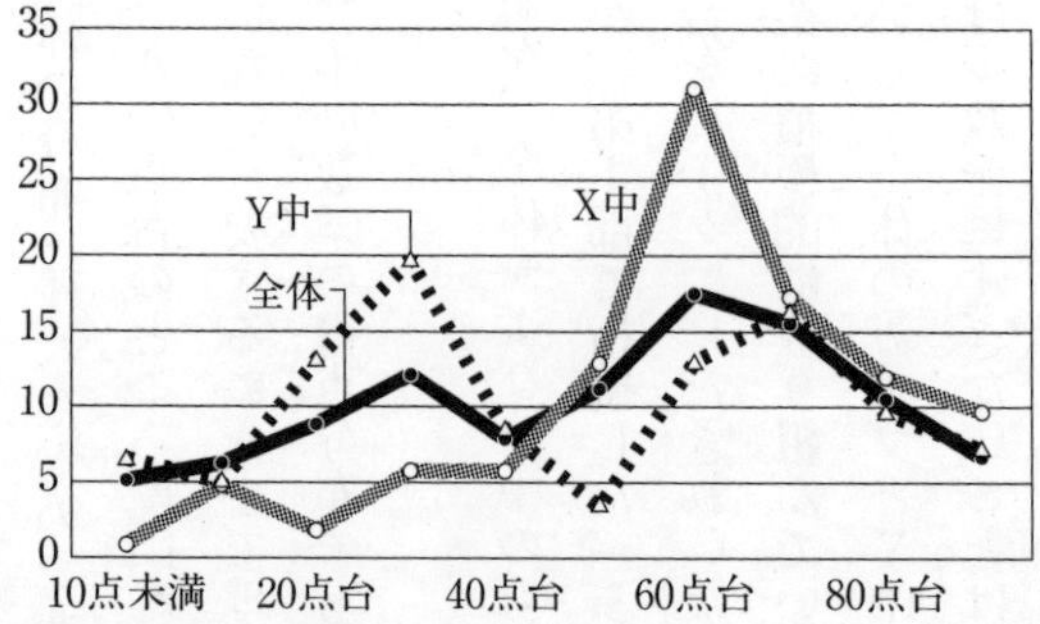

図Ⅱ-8　中学・数学の得点分布(塾に通っていない者の値)

さらに、文化的階層グループと数学の得点の関連をみると、調査対象全体では、階層下位グループの平均点が五五・三点、中位＝六四・八点、上位＝六九・一点であるのに対し、X中では、下位グループ＝六五・五点、中位＝六八・二点、上位＝七八・五点となる。なるほど、階層差が消滅したわけではない。それでも、X中の下位グループの得点(六五・五点)は、全体の中位グループなみの得点を示している。X中の教育は、階層的なハンディキャップをかなりの程度取り戻す力を生徒たちに与えている。

同様の集計を小学校について行うと、何とA小の文化的階層下位グループの平均点は七七・〇点となり、小学生全体の上位グループの値七五・五点さえも凌駕《りょうが》するのである。小学校の算数について言うなら、学校の教育効果は、階層のカベを突き破る潜在力を十分にもっているといえるのである。

関係者の話によると、両校の教育は次のような特徴をもつ。

(1)「学習意欲」や「自学自習」をキーワードとする指導が行われている。

(2)「個別学習・少人数学習・一斉指導」を柔軟に組み合わせた授業づくりが推進されている。

(3)子どもの集団づくりを大切にし、「わからない時はわからないと言える」学習環境をつくっている。

(4)家庭学習にも活用できる「習得学習ノート」をつくり、子どもたちが学習の見通しをもち、学習のふりかえりができるようにしている。

(5)「総合学習」等で、子どもたちが「進路」や「生き方」を考えることを重視し、学習に対する動機づけを促している、等。

家庭学習の指導をしっかりやり、きちんと教えることをいとわない半面、総合学習による学習の動機づけにも成功している。まさに、「全力型」の授業を展開するなかで、学力の下支えが可能になっているのである。

また、両校が、実は同一自治体に属し、A小からX中へと進学する同一校区内の学校であることも重要な事実である。小学校段階での基礎学力の定着が、中学校段階での学力の下支えにつながっている。両校では、およそ三十年も前から、家庭・地域と連携した学力向上の取り組みを蓄積してきたという。とりわけ、一九八〇年代半ばからは、宿題を通じて子どもたちの家庭学習習慣の定着をはかる実践が展開されてきた。今回の調査結果は、そうした取り組みが高い学校効果を生むことを明らかにしている。

このような取り組みが継続されるためには、それを支えるさまざまな条件が整っていなければならない。たとえば、両校が位置する市の教育委員会は、両校の学力向上の取り組みを手厚く支援してきたという。このように、教育委員会と学校現場が緊密な連携をとり、一丸となって推進する積極的な取り組みのなかでこそ、ここで報告したような「目にみえた学校効果」が生みだされていると考えられるのである。

7 公教育の再生をめざして

今回の分析から明らかとなったのは、これまでの教育改革をめぐる議論の中では、あまりに軽視されてきた、義務教育段階での階層差という事実である。子どもの意欲や「よさ」を大切にしてきたはずの教育は、基礎学力の低下と格差の拡大をもたらしただけでなく、小学校段階からの学習意欲、行動、学習成果の階層差を生んだ。小学校五年生の段階で、学校の授業への取り組みや家庭での学習、基礎的内容の学力テストの得点に、これだけ家庭環境の影響があらわれるのである。どの子どもにも学ぶ意欲があるはずだとの前提は、ここではもろくも崩れている。あれかこれかの学力論に拘泥しているうちにも、教育の実態はこのように変化しているのだ。しかも、意欲を高める決め手として期待される「総合的な学習」や「新学力観」型の授業への取り組みにおいても、家庭の環境差が明瞭にあらわれている。理想通りの教育が行われない場合、理想に裏切られたツケは、平等に配分されるわけではない。基礎的な学習をおろそかにしたまま、俗にいわれる流行《はや》りの学習を追うばかりでは、そのしわ寄せは恵まれない家庭環境の子どもに集まる。

小学生の段階からこうした家庭的な背景の影響が色濃くでている事実を目前にすれば、教育の世界に「自己責任」の論理を持ち込もうとする改革の問題点が明らかとなる。条件整備も不十分なうえに、理想に振り回されるばかりで実際の教育が手薄になれば、自己決定ができる年齢のずっと以前の段階から、学びに乗り遅れる子どもが、階層的偏りを持って作り出されていくからだ。どの子どもも自ら学ぶ意欲を自然に持ち、自己選択ができるとの「強い個人の仮説」は、義務教育段階の小中学生にはあてはまらない。

ところが、こうした階層格差の実態把握さえも行政は怠ってきた。しばしば文科省が依拠する学力の国際比較調査(国際教育到達度評価学会『国際数学・理科教育調査』など)でも、家庭的な背景の影響を調べる項目が入っており、他の参加国ではあたりまえのこととして分析の対象となるのに、日本ではそうした項目自体が排除されている。残念なことに、こうした学力や学習の階層格差が全国的にどのように進行しているのかを示すデータは、日本中どこを探しても存在しないのである。

教育政策を論じるとき、他の先進国では当然の論点と見なされる階層格差の問題が、日本では政策論の対象にさえならない。受験教育からの脱却が国民的合意を得てきたためか、こと教育に限っては、論点を提出する政治的勢力もほとんどみあたらない。社会的弱者の味方と称する政党や団体さえ、この問題に正面から取り組もうとするところはほとんどない。アメリカやイギリスをはじめ、新自由主義的な経済改革を推し進めてきた国々では、雇用の流動性(不安定化)の高まりと所得格差の拡大を前提に、それへの対抗措置として、人びとの雇用可能性を高めるべく「学力向上」を教育政策の中心に掲げてきた。英国のブレア首相が教育を政策課題の中心に据えたことは有名だが、社会経済的に恵まれない人びとの多い学区に特別の財政的措置を行い、公教育を通じて不平等の拡大をおさえようとしている。従来型の福祉国家に戻るのではなく、経済的に自立できる「強い個人」を形成するために、教育への財政支出を年率五%ずつ増やし、教育による下支えを強化する政策がとられているのだ。

日本でも痛みの伴う構造改革が進められようとしている。それが不可避だというならなおさらのこと、改革後の経済社会に参入していくまでの教育をより充実したものにしなければならない。たしかに、教育改革だけによって、階層格差が拡大しているとはいえないだろう。階層ごとに異なる家庭でのしつけの変化や、親の子どもへの期待の変化といった要因と相互に関係しながら、教育の変化が階層格差の拡大をもたらしている可能性がある。しかしながら、社会全体が不平等の拡大を許す経済政策を採ろうとしているときに、それを教育がさらに促進する側に回るのか、それとも抑制する側に回るのかはすぐれて政策的論点になるはずだ。

ところが、階層差の実態を捉えようともせず、ましてや政策の俎上《そじょう》にのせることも、財政的サポートの十分な拡充もないまま、美名に彩られた教育の改革が進む。その「不作為」の結果が、私たちの分析が示したように、過去十年間と同様、十歳前後から学習についていけない子どもを増やすことにつながるのであれば、十年後、二十年後の日本社会はどうなるのか。彼ら・彼女らを待ち受ける将来が、すでに階層的偏りを持ちながら増え続ける若年無業者＝「フリーター」の世界だとすれば、行政側の「不作為」の結果は、教育の問題に限定されない。八〇年代を通じて欧米社会が経験したように、不平等の拡大と若年失業が引き起こす様々な社会問題を生み出す温床につながる可能性がある。

「学力低下」の声に押されるかのように、文科省は「できる」子どものための発展的学習への道を開きつつある。その重要性を否定するつもりはない。しかしそれ以上に、義務教育段階の早い時期から生じる教育の階層差をくい止めるための手だてを打つことこそ、「確かな学力」を子どもたちに身につけさせる最優先の課題ではないか。公教育である以上、できるだけ多くの子どもたちの学力を下支えしてこそ、「できる」子どもたちへの発展的学習にも正当性が与えられるのである。私たちの調査は一地域に限った小規模なものだが、全国的に教育の世界で階層差がどれだけ拡大しているのか、その実態を把握することが急務であり、実態をふまえた対策にとりかかる必要がある。放っておいても階層差の拡大が進んでいく時代に、義務教育段階の公立学校が、それにブレーキではなくアクセルをかけるようでは、公教育の役割を放棄したことになる。

最後に、今回の分析からほのみえた希望の道について述べておきたい。学校の努力と取り組み次第では、教育における階層差の拡大をおさえられるというA小、X中の事例である。たしかに少数の事例にとどまる。ましてや関係者の「がんばり」は並大抵のものではない。こうしたがんばりをすべての学校に期待することは無理な注文でもあるだろう。それでも、地域住民と地方行政の十分なサポートがあれば、学校にはこれだけのことができるのだ。

これら少数の事例から私たちが学べるのは、家庭学習を含めたしっかりとした教科の学習指導と「総合的な学習の時間」との連携である。基礎的な学力をつけないまま、安易に「総合」に走った場合、その後の学習に影響が及ぶことは今回の分析が示すとおりである。基礎の下支えをきちんとやった上で、発展的な学習として「総合」をとらえる方がよいだろう。私たちの類型でいえば、「全力型」の授業や「がんばっている学校」をどうすれば増やしていけるのか。ナショナルミニマムを保障する思い切った行政側のサポートと、地域のニーズに合わせた教育を可能にする地方分権＝規制緩和の両方が必要だろう。社会経済的に不利な子どもの多い学校には、イギリスのように財政的、人的な支援を増すことも検討に値する。時間的資源の点でいえば、塾に行けない子どもたちへの措置として、場合によっては、地方の実情と判断に応じて、三月までと同様に月二回程度の土曜日を再び開校してもいいのかもしれない。学習指導要領が最低基準だというなら、学校五日制も最低要件にして、地方の実情に応じ授業時数を柔軟に確保できるようにする。その方が現状では実態にあうだろう。自由化の名のもと、全国一律で一斉に網をかける改革のあり様が、齟齬《そご》を生み、格差を拡大する背景となっているからである。行政は面子《めんつ》にこだわっている場合ではない。

「中央＝東京」の論理に振り回されない、地に足のついた教育改革を再スタートさせるためにも、地域のサポートをもとに学校改革を可能にする基盤整備の議論を始めなければならない。その際、階層的な視点が不可欠なことは、私たちの分析が示した通りである。教育政策の場合、深刻な問題が顕在化するようになってからでは手遅れである。教育の影響は、二十年後、三十年後の社会を覆う。だからこそ、上すべりの言葉だけの議論に惑わされないためにも、問題を実態レベルで不断に把握しておくことが必要なのだ。公教育の使命を、もう一度社会的・公共的な視点からとらえ直す。そこから、教育の再生を図ることが求められているのである。

「岩波ブックレット」刊行のことば

今日、われわれをとりまく状況は急激な変化を重ね、しかも時代の潮流は決して良い方向にむかおうとはしていません。今世紀を生き抜いてきた中・高年の人々にとって、次の時代をになう若い人々にとって、また、これから生まれてくる子どもたちにとって、現代社会の基本的問題は、日常の生活と深くかかわり、同時に、人類が生存する地球社会そのものの命運を決定しかねない要因をはらんでいます。

十五世紀中葉に発明された近代印刷術は、それ以後の歴史を通じて「活字」が持つ力を最大限に発揮してきました。人々は「活字」によって文化を共有し、とりわけ変革期にあっては、「活字」は一つの社会的力となって、情報を伝達し、人々の主張を社会共通のものとし、各時代の思想形成に大きな役割を果してきました。

現在、われわれは多種多様な情報を享受しています。しかし、それにもかかわらず、文明の危機的様相は深まり、「活字」が歴史的に果してきた本来の機能もまた衰弱しています。今、われわれは「出版」を業とする立場に立って、今日の課題に対処し、「活字」が持つ力の原点にたちかえって、この小冊子のシリーズ「岩波ブックレット」を刊行します。

長期化した経済不況と市民生活、教育の場の荒廃と理念の喪失、核兵器の異常な発達の前に人類が迫られている新たな選択、文明の進展にともなって見なおされるべき自然と人間の関係、積極的な未来への展望等々、現代人が当面する課題は数多く存在します。正確な情報とその分析、明確な主張を端的に伝え、解決のための見通しを読者と共に持ち、歴史の正しい方向づけをはかることを、このシリーズは基本の目的とします。

読者の皆様が、市民として、学生として、またグループで、この小冊子を活用されるように、願ってやみません。

（一九八二年四月　創刊にあたって）

苅谷剛彦（かりや・たけひこ）
一九五五年東京都生まれ。ノースウェスタン大学大学院修了(Ph.D 社会学)。現在、オックスフォード大学社会学科およびニッサン現代日本研究所教授。現代日本社会論、教育社会学。主著に『階層化日本と教育危機』(有信堂)、『教育改革の幻想』(ちくま新書)。本書Ⅰ－1、6、Ⅱ－1、7を執筆。

志水宏吉（しみず・こうきち）
一九五九年兵庫県生まれ。東京大学大学院教育学研究科博士課程修了(教育学博士)。現在、大阪大学大学院人間科学研究科教授(教育社会学、学校臨床学)。主著に『学力を育てる』(岩波新書)。Ⅰ－2、3、Ⅱ－2、6を執筆。

清水睦美（しみず・むつみ）
一九六三年生長野県生まれ。東京大学大学院教育学研究科博士課程単位取得退学。現在、日本女子大学人間社会学部教授(学校臨床学)。主著に『ニューカマーの子どもたち』(勁草書房)。Ⅰ－4、Ⅱ－5を執筆。

諸田裕子（もろた・ゆうこ）
一九六三－二〇〇九年。鹿児島県生まれ。お茶の水女子大学大学院人間文化研究科博士課程単位取得退学(教育社会学、家族社会学)。主著に「進路としての無業者――教師の認識と指導『理論』」(報告書)。Ⅰ－5、Ⅱ－3、4を執筆。

◇岩波ブックレットから

9784000092784
ISBN4-00-009278-2
C0336 ¥560E
1920336005606

2002年10月18日 第1刷発行 発行所 株式会社岩波書店 〒101-8002 東京都千代田区一ツ橋2-5-5
2014年1月15日 第15刷発行 電話案内03-5210-4000 販売部5210-4111 ブックレット編集部03-5210-4069
http://www.iwanami.co.jp/hensyu/booklet/
印刷・製本 法令印刷
岩波書店

日本の植民地支配

肯定・賛美論を検証する

水野直樹・藤永壮・駒込武 編

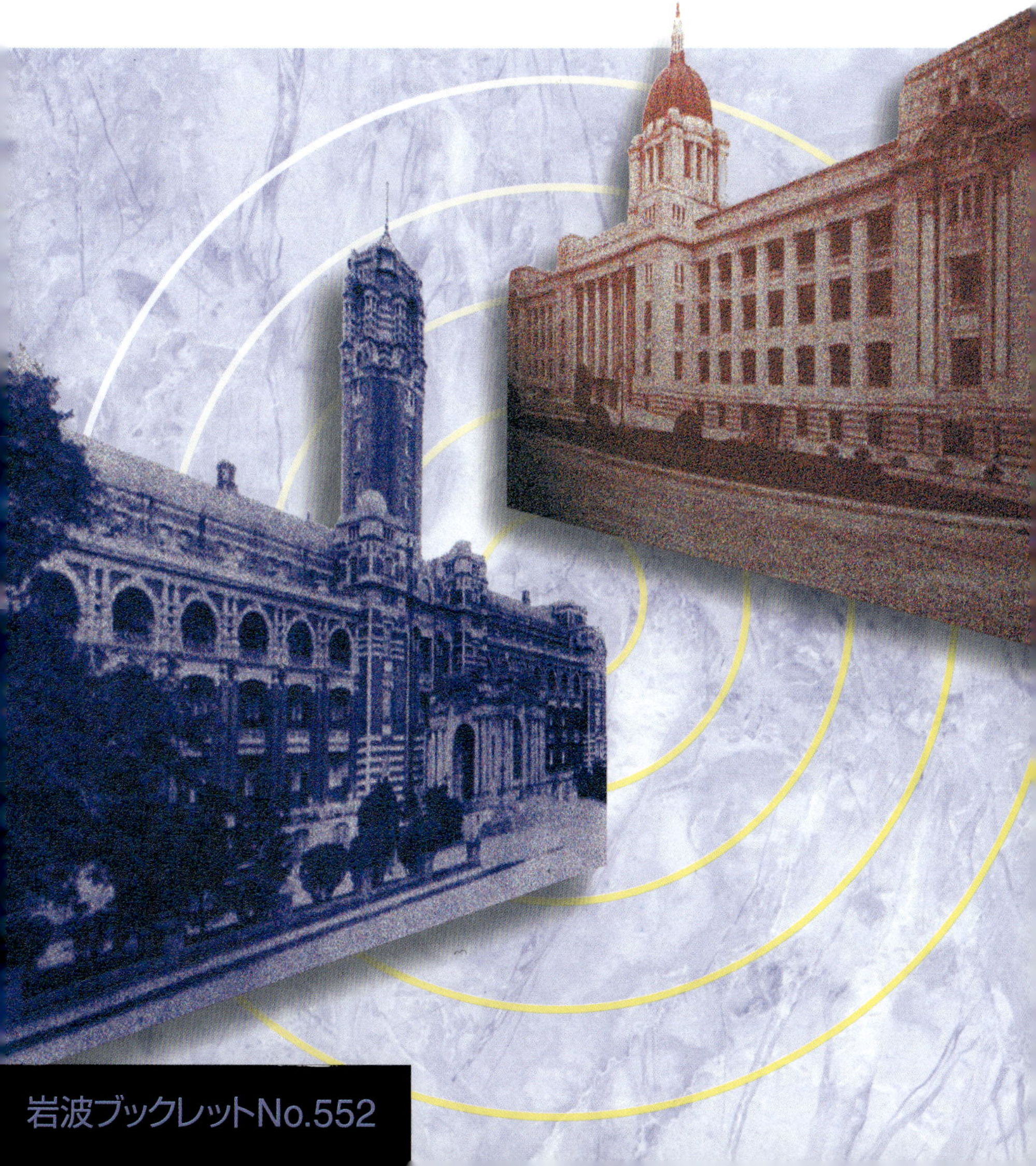

岩波ブックレットNo.552

朝鮮人は、このような虐政の下で奴隷となり、牛馬のごとくなりながら、一〇年の間、何らの反抗も起こさず、ひたすら従順なだけだった。これは、四囲の圧力の中にあって反抗が不可能だったためでもあるが、総督政治を重要視して反抗を起こそうという考えがなかったためでもある。なぜか。総督政治以上に合併という根本問題があったからである。言い換えれば、いつでも合併を打ち破り独立自存を図ろうというのが二千万民族の脳裏に植え付けられた不滅の精神であるがゆえに、総督政治がいかに極悪であってもこれに報復の怨毒を加える理がなく、またいかに完全な政治をするとしても感謝の意を表する理由もない。総督政治はすなわち枝葉の問題と考えているからである。

（韓龍雲「朝鮮独立の書」一九一九年、より。仏教徒を代表して三一独立運動の宣言に署名し逮捕された韓龍雲が獄中で執筆した文章の一節）